老子

散文诗对译

连小珉 译著

清华大学出版社 北京

内容简介

本书用朴素的思维重新审视两千多年前的中国文化经典老子五千言原文，将其诗一般的连续语句，按意群分句分段，以散文诗一般的形式呈现，并逐行一一对译，得到现代文的散文诗。对于一些关键性的概念，作者还有独到而朴素的见解，使得对译出的散文诗具有更强的逻辑性，加深了对原文的理解。作者将富含哲理的老子五千言，以现代散文诗一般朴素的语言呈现在读者面前。本书适合老子研究者及对本领域感兴趣的读者阅读。

本书封面贴有清华大学出版社防伪标签，无标签者不得销售。
版权所有，侵权必究。举报：010-62782989，beiqinquan@tup.tsinghua.edu.cn。

图书在版编目(CIP)数据

老子散文诗对译 / 连小珉译著.—北京：清华大学出版社，2019.11(2025.3重印)
ISBN 978-7-302-54208-7

Ⅰ.①老… Ⅱ.①连… Ⅲ.①道家 ②《道德经》—译文 ③《道德经》—注释 Ⅳ.①B223.1

中国版本图书馆CIP数据核字(2019)第255934号

责任编辑：杨爱臣
封面设计：傅瑞学
责任校对：王荣静
责任印制：刘海龙

出版发行：清华大学出版社
网　　址：https://www.tup.com.cn，https://www.wqxuetang.com
地　　址：北京清华大学学研大厦A座　　邮　　编：100084
社 总 机：010-83470000　　邮　　购：010-62786544
投稿与读者服务：010-62776969，c-service@tup.tsinghua.edu.cn
质量反馈：010-62772015，zhiliang@tup.tsinghua.edu.cn
印　装　者：涿州市般润文化传播有限公司
经　　销：全国新华书店
开　　本：160mm×210mm　　印　张：15.25　　字　数：193千字
版　　次：2019年12月第1版　　印　次：2025年3月第3次印刷
定　　价：68.00元

产品编号：084241-02

序

本书是用一种朴素的视角,对散文诗化的帛书《老子》这部古代经典著作的逐句对译,以此得到这部著作的现代散文诗形式,便于体会原文的旨意。

帛书《老子》是1973年湖南长沙马王堆三号汉墓出土的《老子》抄本复原本,是目前可得到的最早最全的《老子》版本。该版本《老子》原文全文见本书附录,共计5500多字,正应《老子》又称"五千言"之说。帛书《老子》底本有甲本和乙本,甲本眷抄于公元前202年前,乙本眷抄于公元前202年后至公元前185年之间,甲本更早于乙本。甲本三无:无标题、无段落、无标点。乙本无段落无标点,但有德篇和道篇的小标题。甲乙两本都是德篇内容在前,道篇内容在后。所以通常所谓的"老子",即是指这部著作,又是指它的作者。

本书使用的帛书《老子》原文是参照梁海明先生的《老子》一书形成的,是因他采用的《老子》原文的形成,是实行以帛书《老子》甲本为底本,然后是甲本不足乙本补,乙本不足通行本补的原则,这样就尽量保证了原文的最早性,尽量避免了两千多年来无数次眷抄可能带来的变动。本书所得原文的个别特殊字句还参照了高明先生的《帛书老子校注》一书和裘锡圭先生主编的《长沙马王堆汉墓简帛集成(肆)》一书,以及裘先生的同集成的(壹)。因此,本书使用的原文保留了帛书甲本的基本原貌,即无标题、无段落、无标点,且德篇内容在前,道篇内容在后。希望我们能使用尽量接近于《老子》原著成文时的版本原貌,用一种朴素而客观逻辑的视角去读《老子》原文。

《老子》是中国文化思想中非常重要的经典,对中国社会有着深远的影响,其中的一些道理和格言,至今仍在流传和沿用。两千多年来对《老子》已经有很多解读,关于这一点,参照陈鼓应先生《老子注释及评介》一书中的参考书目清单,就可见一斑。现存的这些解读,从不同的立场出发,都有各自的道理,并且,他们对传播老子的文化思想,都有着积极的作用。本书将用一种不同的视角,以一种朴素的观念去重新精读这部古文,无意与其他现存的解读争论,而是想向大家呈现一种新视角下的《老子》,仅仅是在众多的现存解读中,再增添小小而平凡的一笔。如果读来还能有一点儿新意和启发,将是本书一个意外的收获。

《老子》成文的年代约为春秋末期,当时是以竹简为文字记录载体。由于竹简厚重,为了减轻竹书的重量和体积,导致当时著书惜字如金,言简意赅。一些可以意会的连词、副词、代词等都难以诞生,或被省略。当然,这对文章的理解会增加一定难度。所以,当时的文章大都是需要师傅讲解的。即使是这样,《老子》的作者还是尽量使这篇著作容易被理解。可以说,与当时的其他著作相比,它是最接近现代文的。怪不得《老子》中提到:"吾言,甚易知","而人,莫之能知"。也就是说,自古至今,人们对《老子》都有一种神秘的感觉。由此,给《老子》中讲述的"道"的理解也蒙上了一层神秘的色彩,怪不得作者在著述中也说道:"大道甚夷,民甚好解"。所以研读这篇著作要回归本心,而从一种朴素的视角去理解,可能会得到事半功倍的效果。

《老子》中的文学修辞也很朴素,不似现代文章这么华丽。那个时代,中华文化中的成语还未形成,行文直截了当,多用多音字和多义字,即多义修辞,来取得一些文学修辞上的出其不意,使行文得以生动。老子的多义修辞用得炉火纯青。但给后人对带有这些原始修辞的行文的解读,带来了需要凭理解选择的排列组合。所谓朴素视角,就是没有成见,不带神秘感,只是结合著书时代春秋末期当时的历史背景,只是从古文的字里行间、上下文含义、中心思想和段落大意等一般研读文章的视角,获得解读的灵感和质朴的结论。

《老子》这部著作涉猎甚广,包罗万象,立意高远。其用精练的文字,论述了天地之道、天下之道、万物之道,还有人之道。故本书基于前面提到的无标题、无段落、无标点的帛书《老子》原文,根据原文意境,进行了分段。并根据语义,在段内再分句加标点。这样，原文就自然形成了类似于现代散文诗一样的体裁，因此就顺其自然地将其称之为"老子散文诗"。为使段间便于区别，给每一段加了一个小标题。这些小标题都来自该段内的某句话，只是该段区别于他段的代表，并非该段的概括。《老子》思想活跃，整篇著述即使是给予了分段，但每段内还可能阐述了不止一个思想点，岂是一个小标题所能概括？与老子散文诗中的每一句对应，在其右侧，对应给出了相应的现代文译文。所以本书整体上称之为"老子散文诗对译"。本书的古今对译，主要依据古汉语词典——《汉典》。据此，对难于理解的字词，都给出了相应的注释。这些注释，都另起一文"老子散文诗注"，在老子散文诗的诗句右侧的括号中给出了相应的注。

从帛书《老子》整篇的内容来看，《老子》作者是一个文学性、哲学性和思想性都非常高的人，整篇内容较像是写给某位君王，或具有君王领导力人物的一篇治世策论。是建议这位君王，或者可以是某位有此领导力的人物，如何治理好一个国家或者整个天下，实现和平、繁荣与强盛。若将《老子》中的一些"德"字理解为"得"，更是如此。其实，老子中的"德"字本来就是两用，比如，"失道而后德"中的"德"指的是"德"；而"信者信之，不信者亦信之，德信也"中的"德"指的是"得"。在《老子》中，老子提出了一系列与君王治世相关且具有深刻哲理的观点，使《老子》成为一篇具有深刻领导力哲理和韬略的经典。其中的一些经典领导力哲理，即使是放在两千多年后的今天——虽然天下已发生了天翻地覆的变化——也不为过时，只是其应用可以更为广泛，可以为社会上希望得到领导力提升的各类民众借鉴。

连小珉
于清华大学
lianxm@tsinghua.edu.cn
2019 年 10 月

目 录

老子散文诗对译 ………………… 1

第1段	上得不得 ………… 2	第20段	和光同尘 ………… 28
第2段	失道后德 ………… 3	第21段	无事自富 ………… 29
第3段	卑微若石 ………… 5	第22段	祸福相倚 ………… 31
第4段	善始善成 ………… 7	第23段	治人唯啬 ………… 32
第5段	有生于无 ………… 9	第24段	两不相伤 ………… 34
第6段	损之而益 ………… 10	第25段	大者宜下 ………… 35
第7段	至柔致坚 ………… 11	第26段	万物之注 ………… 37
第8段	知足不辱 ………… 12	第27段	图难从易 ………… 39
第9段	大成若缺 ………… 13	第28段	治其未乱 ………… 41
第10段	知足恒足 ………… 14	第29段	慎终若始 ………… 43
第11段	不见而明 ………… 15	第30段	不智治邦 ………… 45
第12段	为道日损 ………… 16	第31段	莫能与争 ………… 46
第13段	百姓之心 ………… 17	第32段	小邦寡民 ………… 47
第14段	其无死地 ………… 18	第33段	为而不争 ………… 49
第15段	为而弗恃 ………… 20	第34段	善战不怒 ………… 50
第16段	用光复明 ………… 22	第35段	哀者甚矣 ………… 53
第17段	盗夸非道 ………… 24	第36段	被褐怀玉 ………… 54
第18段	以家观家 ………… 25	第37段	将病作病 ………… 56
第19段	物老不道 ………… 26	第38段	自知自爱 ………… 57

第39段	天网恢恢……………	58
第40段	司杀者杀……………	59
第41段	税多人饥……………	60
第42段	柔弱居上……………	61
第43段	为而不有……………	62
第44段	弱能胜强……………	64
第45段	天道无亲……………	65
第46段	万物之始……………	66
第47段	有无相生……………	68
第48段	不敢不为……………	70
第49段	挫锐解纷……………	71
第50段	不若守中……………	72
第51段	无私成私……………	73
第52段	上善如水……………	75
第53段	富骄遗咎……………	76
第54段	长而不宰……………	77
第55段	无之为用……………	79
第56段	五色目盲……………	80
第57段	可托天下……………	81
第58段	无形之形……………	83
第59段	浊而静之……………	85
第60段	复归其根……………	87
第61段	下知有之……………	89
第62段	少私寡欲……………	91
第63段	独贵食母……………	92
第64段	孔德之容……………	94
第65段	自视不彰……………	96
第66段	曲全成全……………	97
第67段	得者同得……………	99
第68段	有物昆成……………	100
第69段	重为轻根……………	102
第70段	物无弃财……………	103
第71段	复归无极……………	105
第72段	去甚去大……………	107
第73段	果而不骄……………	109
第74段	战胜以丧……………	111
第75段	小谷江海……………	113
第76段	死而不忘……………	115
第77段	不大成大……………	116
第78段	用之不尽……………	117
第79段	欲夺故予……………	118
第80段	天地自正……………	119

老子散文诗注 ·················· 121

第1段　上得不得·········· 122	第21段　无事自富·········· 148
第2段　失道后德·········· 123	第22段　祸福相倚·········· 149
第3段　卑微若石·········· 125	第23段　治人唯啬·········· 150
第4段　善始善成·········· 127	第24段　两不相伤·········· 152
第5段　有生于无·········· 129	第25段　大者宜下·········· 153
第6段　损之而益·········· 130	第26段　万物之注·········· 155
第7段　至柔致坚·········· 131	第27段　图难从易·········· 156
第8段　知足不辱·········· 132	第28段　治其未乱·········· 158
第9段　大成若缺·········· 133	第29段　慎终若始·········· 159
第10段　知足恒足·········· 134	第30段　不智治邦·········· 160
第11段　不见而明·········· 135	第31段　莫能与争·········· 161
第12段　为道日损·········· 136	第32段　小邦寡民·········· 163
第13段　百姓之心·········· 137	第33段　为而不争·········· 164
第14段　其无死地·········· 138	第34段　善战不怒·········· 165
第15段　为而弗恃·········· 139	第35段　哀者甚矣·········· 167
第16段　用光复明·········· 141	第36段　被褐怀玉·········· 168
第17段　盗夸非道·········· 143	第37段　将病作病·········· 169
第18段　以家观家·········· 144	第38段　自知自爱·········· 170
第19段　物老不道·········· 145	第39段　天网恢恢·········· 171
第20段　和光同尘·········· 147	第40段　司杀者杀·········· 172

第41段	税多人饥	173	第61段	下知有之	197
第42段	柔弱居上	174	第62段	少私寡欲	198
第43段	为而不有	175	第63段	独贵食母	199
第44段	弱能胜强	177	第64段	孔德之容	201
第45段	天道无亲	178	第65段	自视不彰	203
第46段	万物之始	179	第66段	曲全成全	204
第47段	有无相生	180	第67段	得者同得	206
第48段	不敢不为	182	第68段	有物昆成	207
第49段	挫锐解纷	183	第69段	重为轻根	209
第50段	不若守中	184	第70段	物无弃财	210
第51段	无私成私	185	第71段	复归无极	212
第52段	上善如水	186	第72段	去甚去大	214
第53段	富骄遗咎	187	第73段	果而不骄	216
第54段	长而不宰	188	第74段	战胜以丧	218
第55段	无之为用	190	第75段	小谷江海	219
第56段	五色目盲	191	第76段	死而不忘	220
第57段	可托天下	192	第77段	不大成大	221
第58段	无形之形	193	第78段	用之不尽	222
第59段	浊而静之	195	第79段	欲夺故予	223
第60段	复归其根	196	第80段	天地自正	224

附录　帛书老子原文 ……… 225

参考文献 ……………………… 234

老子散文诗对译

第 1 段　上得不得

【原文】　上德不德是以有德下德不失德是以无德

【诗文】

上德，	高层次的得，
不德，	是不得，
是以有德；	因此却有得；
下德，	低层次的得，
不失德，	是要得，
是以无德。	因此却无得。

第 2 段　失道后德

【原文】 上德无为而无以为也上仁为之而无以为也上义为之而有以为也上礼为之而莫之应也则攘臂而扔之故失道而后德失德而后仁失仁而后义失义而后礼夫礼者忠信之泊也而乱之首也前识者道之华也而愚之首也是以大丈夫居其厚而不居其泊居其实而不居其华故去彼而取此

【诗文】

上德，	崇尚德，
无为$_4$*，	无己目的，
而无以为$_4$也。**	且无己谋求。
上仁，	崇尚仁，
为$_4$之，	有己目的，
而无以为$_4$也；	但无己谋求；
上义，	崇尚义，
为$_4$之，	有己目的，
而有以为$_4$也；	而有己谋求；
上礼，	崇尚礼，
为$_4$之，	有己目的，

---

* 为$_4$，下标 4 表示声调，发音 wèi，"为什么"的"为"，以区别"作为"的"为"。

** 一般的帛书《老子》中。此句后可能还有一句"下德为之而有以为"，但据高明[2]所述，无论是甲本或乙本中，都没有这一句。故从略。

而莫之应也,　　　　　　而且只是空谈,
则攘臂而扔之。　　　　　只有顺手弃之。

故,　　　　　　　　　　所以,
失道,而后德;　　　　　失去道,才讲究德;
失德,而后仁;　　　　　失去德,才讲究仁;
失仁,而后义;　　　　　失去仁,才讲究义;
失义,而后礼。　　　　　失去义,才讲究礼。

夫礼者,　　　　　　　　礼,
忠信之泊也,　　　　　　是忠信的浅薄,
而乱之首也。　　　　　　是祸乱的罪魁。

前识者,　　　　　　　　这礼,
道之华也,　　　　　　　是道的虚华,
而愚之首也。　　　　　　是愚昧之最。

是以,　　　　　　　　　因此,
大丈夫,　　　　　　　　有志者,
居其厚,而不居其泊;　　　要淳厚,不要浅薄;
居其实,而不居其华。　　　要朴实,不要虚华。

故,　　　　　　　　　　所以,
去彼,　　　　　　　　　去除浅薄虚华,
而取此。　　　　　　　　而取淳厚朴实。

第3段　卑微若石

【原文】　昔之得一者天得一以清地得一以宁神得一以灵谷得一以盈侯王得一而以为天下正其致之也谓天毋已清将恐裂谓地毋已宁将恐发谓神毋已灵将恐歇谓谷毋已盈将恐竭谓侯王毋已贵以高将恐蹶故必贵而以贱为本必高矣而以下为基夫是以侯王自谓孤寡不穀此其贱之本与非也故致数与无与是故不欲禄禄若玉硌硌若石

【诗文】

昔之得一者：	自古就存在的有：
天得一，以清；	长天存在，是因能晴朗；
地得一，以宁；	大地存在，是因能宁静；
神得一，以灵；	神灵存在，是因能灵验；
谷得一，以盈。*	河谷存在，是因能丰盈。
侯王得一，	侯王存在，
而以为天下正。	而是因能治天下。
其致之也：	也就是要说：
谓天，毋已清，将恐裂；	说到长天，如不能晴朗，恐怕会开裂；
谓地，毋已宁，将恐发；	说到大地，如不能宁静，恐怕会发灾；
谓神，毋已灵，将恐歇；	说到神灵，如不能灵验，恐怕会消失；

---

* 一般的帛书本《老子》中，在此句之后可能还有一句"万物得一以生"。但据高明[2]所述，无论是甲本还是乙本中，都没有这一句。故从略。

谓谷,毋已盈,将恐竭。*	说到河谷,如不能丰盈,恐怕会枯竭。
谓侯王, 毋已贵以高, 将恐蹶。	说到侯王, 如不能珍惜王位, 恐怕会蹶倒。
故, 必贵,而以贱为本; 必高矣,而以下为基夫。	因此, 必须贵,则应以卑微为本; 必须高,则应以低下为基!
是以, 侯王自谓: 孤、寡、不穀。 此其贱之本与? 非也!	所以, 侯王们都自称: 孤家、寡人、不谷。 但这就是以卑微为本吗? 当然不是!
故, 致数与, 无与。	故, 给到极致, 反而什么也没给。
是故, 不欲禄禄若玉, 硌硌若石。	因此, 不要高贵似玉, 而要卑微如石。

---

* 一般的帛书本《老子》中,在此句之后可能还有一句"谓万物毋已生将恐灭"。但据高明[2]所述,无论是甲本还是乙本中,都没有这一句。故从略。

第4段　善始善成

【原文】　上士闻道堇能行之中士闻道若存若亡下士闻道大笑之弗笑不足以为道是以建言有之曰明道如费进道如退夷道如类上德如谷大白如辱广德如不足建德如偷质真如渝大方无隅大器免成大音希声天象无刑道褒无名夫唯道善始且善成反也者道之动也弱也者道之用也

【诗文】

上士闻道，堇能行之；	悟性高的人听说道，勤苦实行；
中士闻道，若存若亡；	悟性中的人听说道，将信将疑；
下士闻道，大笑之。	悟性低的人听说道，大笑而去。

弗笑，	不笑，
不足以为道。	不足以为道。

是以，	所以，
建言有之曰：	有益之言是：
明道，如费；	明白的道，好似很费解；
进道，如退；	积极的道，好似很消极；
夷道，如类。	容易的道，好似很难行。

上德，如谷；	高层次的得，好似很空寂；
大白，如辱；	非常的清白，好似很屈辱；
广德，如不足；	很广泛的得，好似很不足；

建德,如偷;	很正当的得,好似很苟且;
质真,如渝。	质朴的真诚,好似很多变。
大方,无隅;	巨大的方形,反而无角;
大器,免成;*	重大的才能,反而无骄;
大音,希声;	宏大的强音,反而无声;
天象,无刑。	天大的形象,反而无形。
道褒,	道也博大,
无名。	因而无貌。
夫唯道,	只有道,
善始,	不仅善于始,
且善成。	而且善于成。
反也者,道之动也;	反,是道的作用;
弱也者,道之用也。	弱,是道的应用。

---

* 一般的帛书本《老子》中,此句可能为"大器晚成"。但据高明[2]所述,甲本此句损毁,乙本为"大器免成"。故从乙本。

第5段　有生于无

【原文】 天下之物生于有有生于无道生一一生二二生三三生万物万物负阴而抱阳中气以为和

【诗文】

天下之物,生于有;	天下万物,生于"有";
有,生于无。	有,生于"无"。
道,生一;	道,天成为一;
一,生二;	道,生"无"为二;
二,生三;	无,生"有"为三;
三,生万物。	有,生万物。
万物,	万物,
负阴而抱阳,	有雌阴也有雄阳,
中气以为和。	元气交合以繁衍。

第6段　损之而益

【原文】 天下之所恶唯孤寡不榖而王公以自名也物或损之而益益之而损故人之所教亦议而教人故强良者不得死我将以为学父

【诗文】

天下之所恶，	世人所厌恶的，
唯：孤、寡、不榖，	唯有：孤家、寡人、不谷，
而王公以自名也。	但王公们都用以自称。
物，	万物，
或损之而益，	有可能因折损而受益，
益之而损。	也可能因受益而折损。
故人之所教，	这些是前人所说，
亦议而教人。	又挑出来教与人。
故，	故，
强良者，	勉强为善的人，
不得死。	总是不绝于后。
我将以为学父。	我以此领教了。

第 7 段　至柔致坚

【原文】　天下之至柔驰骋于天下致坚无有入于无间吾是以知无为之有益也不言之教无为之益天下希能及之矣

【诗文】

天下之至柔，	天下最柔弱的，
驰骋于天下致坚，	遍及天下都体现出刚强，
无有入于无间。	无形才能入于紧密无间。
吾是以知，	我由此而知，
无为$_4$之有益也。	无己目的之益处。
不言之教，	不言之教，
无为$_4$之益，	蕴含无己目的之益，
天下希能及之矣。	天下少有能与之比。

第8段 知足不辱

【原文】 名与身孰亲身与货孰多得与亡孰病甚爱必大费多藏必厚亡故知足不辱知止不殆可以长久

【诗文】

名与身,孰亲?	名声与生命,哪个更可贵?
身与货,孰多?	身体与财物,哪个更重要?
得与亡,孰病?	得到与失去,哪个更忧虑?
甚爱,必大费;	太吝啬,必致大浪费;
多藏,必厚亡。	多囤积,必致多流失。
故,	故,
知足不辱,	知足不致受辱,
知止不殆,	知止不致遇险,
可以长久。	可保长久而安。

第 9 段　大成若缺

【原文】　大成若缺其用不敝大盈若沖其用不穷大直如诎大巧如拙大赢如绌躁胜寒靓胜炅请靓可以为天下正

【诗文】

大成,若缺,其用不敝;	大成就,好似很欠缺,但用之不败;
大盈,若沖,其用不穷。	大盈满,好似很空虚,但用之不竭。
大直,如诎;	很笔直,好似很弯曲;
大巧,如拙;	很巧妙,好似很笨拙;
大赢,如绌。*	很盈余,好似很不足。
躁,胜寒;	动,胜寒;
靓,胜炅。	静,胜热。
请靓,	能为天下求得平静,
可以为天下正。	才能成为天下之王。

---

* 一般的帛书本《老子》中,在此句之后可能还有一句"大辩如讷"。但据高明[2]所述,无论是甲本还是乙本中,都没有这一句。故从略。

第 10 段　知足恒足

【原文】　天下有道却走马以粪天下无道戎马生于郊罪莫大于可欲祸莫大于不知足咎莫憯于欲得故知足之足恒足矣

【诗文】

天下有道,却走马以粪;	天下有道,战马退役去干农活;
天下无道,戎马生于郊。	天下无道,母马怀驹也作战马。
罪,莫大于可欲;	最大的罪孽,是放纵欲;
祸,莫大于不知足;	最大的祸患,是不知足;
咎,莫憯于欲得。	最大的错误,是迷恋得。
故,	故,
知足之足,	只有知足的满足,
恒足矣。	才是永恒的满足。

第 11 段　不见而明

【原文】　不出于户以知天下不规于牖以知天道其出也弥远其知弥少是以圣人不行而知不见而名弗为而成

【诗文】

不出于户，以知天下；	足不出户，以悟天下；
不规于牖，以知天道。	眼不外望，以悟天道。
其出也弥远，	外出越远，
其知弥少。	领悟越少。
是以，	所以，
圣人，	圣人，
不行，而知；	不远行，却能知天下；
不见，而名。	不多见，却能明天道。
弗为₄，	无己目的，
而成。	而助事成。

第12段　为道日损

【原文】　为学者日益为道者日损损之有损以至于无为无为而无不为也圣人之取天下也恒无事及其有事也又不足以取天下矣

【诗文】

为学者，日益。	遵礼者，己欲日增。
为道者，日损。	遵道者，己欲日减。
损之有损，	减之又减，
以至于无为$_4$。	以至无己目的。
无为$_4$，	只有无己目的，
而无不为也。	才无所不能为。
圣人之取天下也，	圣人的治理天下，
恒无事。	总保持天下无事。
及其有事也，	等到天下有事，
又不足以取天下矣。	将难治好天下。

第13段　百姓之心

【原文】 圣人恒无心以百姓之心为心善者善之不善者亦善之德善也信者信之不信者亦信之德信也圣人之在天下欲欲焉为天下浑心百姓皆属耳目焉圣人皆孩之

【诗文】

圣人恒无心，	圣人恒无利己之心，
以百姓之心为心。	而以百姓之心为心。
善者，善之；	对待善的人，要善待；
不善者，亦善之。	对不善的人，也善待；
德善也。	才能得百姓善待。
信者，信之；	对待诚信的人，要有诚信；
不信者，亦信之；	对不诚信的人，也有诚信；
德信也。	才能得百姓信任。
圣人之在，	圣人存在于天下，
天下欲欲焉，	是要使天下和谐，
为₄天下浑心。	使天下人心淳朴。
百姓皆属耳目焉，	百姓皆遵从圣人，
圣人皆孩之。	圣人也呵护百姓。

第14段　其无死地

【原文】　出生入死生之徒十有三死之徒十有三而民生生动皆之死地之十有三夫何故也以其生生也盖闻善执生者陵行不避兕虎入军不被甲兵兕无所榾其角虎无所措其蚤兵无所容其刃夫何故也以其无死地焉

【诗文】

出生入死，	出生入死上战场，
生之徒十有三，	生还者有三成，
死之徒十有三。	战亡者有三成。
而民生生，	那些还不善自保的新兵，
动，	动辄，
皆之死地之，	将己置之死地而生死不明的，
十有三。	还有三成。
夫何故也？	这是何故？
以其生生也。	是其还不善自保。
盖闻，	听说，
善执生者，	那些善于自保者，
陵行不避兕虎，	进山林不惧犀牛猛虎，
入军不被甲兵。	入战阵无需铠甲兵刃。
兕，无所榾其角，	犀牛，无处对其抵角，

虎,无所措其蚤,　　　　　猛虎,无处对其落爪,
兵,无所容其刃。　　　　　敌兵,无处对其劈刀。

夫何故也?　　　　　　　　为何如此?
以其无死地焉。　　　　　　是其不将己置之死地。

第15段　为而弗恃

【原文】 道生之而德畜之物刑之而器成之是以万物尊道而贵德道之尊德之贵也夫莫之爵而恒自然也道生之畜之长之遂之亭之毒之养之复之生而弗有也为而弗恃也长而弗宰也此之谓玄德

【诗文】

道生之,而德畜之;	道天成,从而制约得的蓄;
物刑之,而器成之。	物取形,从而制约器的成。
是以,	因此,
万物尊道而贵德。	万物遵道而重得。
道之尊,	对道的遵循,
德之贵也,	对得的倚重,
夫莫之爵,	并非是人为,
而恒自然也。	而纯系自然。
道生之。	道生万物。
畜之,长之;	逐渐蓄积,从而成长;
遂之,亭之;	不断达成,从而树形;
毒之,养之;	随即治本,从而养性。

复之。　　　　　　　　再循环往复。

生,而弗有也;　　　　产生,却不占有;
为,而弗恃也;　　　　作为,却不恃强;
长,而弗宰也。　　　　长养,却不主宰。

此之谓,　　　　　　　这就是,
玄德。　　　　　　　　深厚的得。

第16段　用光复明

【原文】 天下有始以为天下母既得其母以知其子既知其子复守其母没身不殆塞其兑闭其门终身不堇启其兑济其事终身不棘见小曰明守柔曰强用其光复归其明毋遗身殃是谓袭常

【诗文】

天下有始，	天下以"有"为始，
以为天下母。	"有"为天下之母。
既得其母，	既知"有"为天下之母，
以知其子；	就知天下什么都有；
既知其子，	既知天下什么都有，
复守其母。	牢记"有"为天下之母。
没身不殆。	这将始终立于不败。
塞其兑，	谢绝谄媚言辞，
闭其门，	将其拒之门外，
终身不堇。	始终不致糊涂。
启其兑，	听取不讳直言，
济其事，	周济天下诸事，
终身不棘。	始终不致维艰。

见小,曰明;　　　　　　　　能一直表现卑微,才是明智;
守柔,曰强。　　　　　　　　能一直显示柔弱,才是强大。

用其光,　　　　　　　　　　从事物之表象,
复归其明,　　　　　　　　　反看清其实质,
毋遗身殃,　　　　　　　　　不会自留祸殃,
是谓袭常。　　　　　　　　　就是源远流长。

第17段　盗夸非道

【原文】　使我介有知也行于大道唯施是畏大道甚夷民甚好解朝甚除田甚芜仓甚虚服文采带利剑猒食而货财有馀是谓盗夸盗夸非道也

【诗文】

使我介有知，	如果我很明智，
也行于大道，	也会遵循于道，
唯施是畏。	只怕反复曲折。
大道甚夷，	道虽容易，
民甚好解。	有人却偏爱曲解。
朝甚除，	朝中官众多，
田甚芜，	但田地荒芜，
仓甚虚。	且粮仓空虚。
服文采，	有人却穿绫罗绸缎，
带利剑，	佩宝剑，
猒食而货财有余。	饱食而富裕。
是谓盗夸，	这是在暗中夸耀。
盗夸非道也。	暗中夸耀不是道。

第18段 以家观家

【原文】 善建者不拨善抱者不脱子孙以祭祀不绝修之身其德乃真修之家其德有馀修之乡其德乃长修之国其德乃夆修之天下其德乃博以身观身以家观家以乡观乡以邦观邦以天下观天下吾何以知天下之然哉以此

【诗文】

善建者,不拨;	善于竖插闩门,难以拨开;
善抱者,不脱。	善于摔跤搂抱,难以挣脱。
子孙以祭祀不绝。	子孙后代还会传承不断。
修之身,其德乃真;	修身,所得真实;
修之家,其德有馀;	修家,所得富余;
修之乡,其德乃长;	修乡,所得长久;
修之国,其德乃夆。	修国,所得深厚。
修之天下,	修天下,
其德乃博。	所得博大。
以身观身,	以一身看众身,
以家观家,	以一家看众家,
以乡观乡,	以一乡看众乡,
以邦观邦。	以一国看众国。
以天下,	以天下,
观天下。	看天下。
吾何以知天下之然哉?	我如何知晓这天下道理?
以此。	就是如此。

第19段　物老不道

【原文】 含德之厚者比于赤子蜂虿虺蛇弗螫攫鸟猛兽弗搏骨弱筋柔而握固未知牝牡之会而朘怒精之至也终日号而不嚘和之至也和曰常知和曰明益生曰祥心使气曰强物壮即老谓之不道不道早已

【诗文】

含德之厚者，	得之深厚者，
比于赤子。	好比于婴孩。
蜂虿虺蛇弗螫，	遇害蜂毒蛇不会被刺咬，
攫鸟猛兽弗搏。	逢恶禽猛兽不会被抓扑。
骨弱筋柔而握固。	骨弱筋柔却能手紧抓。
未知牝牡之会而朘怒，	未知雌雄交合而勃起，
精之至也。	是精满所致。
终日号而不嚘，	终日哭号而不致憋气，
和之至也。	是元气和顺。
和，曰常；	气和不憋，是规律；
知和，曰明。	知晓规律，就是明。

益生，曰祥；　　　　　　益于繁衍，就是祥；
心使气，曰强。　　　　　气和随心，就是强。

物壮即老，　　　　　　　至强就变老，
谓之不道。　　　　　　　那是不合道。

不道，　　　　　　　　　不合道的，
早已。　　　　　　　　　尽早遏止。

第20段　和光同尘

【原文】　知者弗言言者弗知塞其兑闭其门和其光同其尘挫其锐解其纷是谓玄同故不可得而亲亦不可得而疏不可得而利亦不可得而害不可得而贵亦不可得而贱故为天下贵

【诗文】
知者弗言，　　　　　　　　　智者不言，
言者弗知。　　　　　　　　　言者不智。

塞其兑，　　　　　　　　　　谢绝谄媚言辞，
闭其门；　　　　　　　　　　将其拒之门外；

和其光，　　　　　　　　　　和谐闪光上层，
同其尘；　　　　　　　　　　协同平凡下层；

挫其锐，　　　　　　　　　　挫败尖锐矛盾，
解其纷。　　　　　　　　　　解除大众纷争。

是谓，玄同。　　　　　　　　这就是，深厚的大同。

故，　　　　　　　　　　　　故，
不可得而亲亦不可得而疏，　　不因得失而亲疏，
不可得而利亦不可得而害，　　不因得失而益损，
不可得而贵亦不可得而贱，　　不因得失而贵贱，
故为天下贵。　　　　　　　　反而得天下尊重。

第 21 段　无事自富

【原文】 以正治邦以奇用兵以无事取天下吾何以知其然也哉夫天下多忌讳而民弥贫民多利器而邦家滋昏人多知而奇物滋起法物滋彰而盗贼多有是以圣人之言曰我无为也而民自化我好静而民自正我无事而民自富我欲不欲而民自朴

【诗文】

以正治邦，	应以正大光明治国，
以奇用兵。	虽可出奇制胜用兵。
以无事取天下。	以天下无事治天下。
吾何以知其然也哉？	我何以知这些道理？
夫，	是因为，
天下多忌讳，而民弥贫；	天下忌讳禁令越多，百姓就越贫困；
民多利器，而邦家滋昏；	民间图利手段越多，国家就越混乱；
人多知，而奇物滋起；	人们狡诈欺骗越多，怪事就越发生；
法物滋彰，而盗贼多有。	各地法条纷乱杂陈，盗贼就越多发。
是以，	所以，
圣人之言曰：	圣人说：

我无为₄也,而民自化;　　　我若无己目的,百姓自会行开化;

我好静,而民自正;　　　　我让天下平静,百姓自会走正道;

我无事,而民自富;　　　　我让天下无事,百姓自会求富裕;

我欲不欲,而民自朴。　　　我若要无己欲,百姓自会变淳朴。

第22段　祸福相倚

【原文】　其正闵闵其民屯屯其正察察其邦缺缺祸福之所倚福祸之所伏孰知其极其无正也正复为奇善复为妖人之迷也其曰固久矣是以方而不割兼而不刺直而不绁光而不眺

【诗文】

| 其正闵闵,其民屯屯; | 若朝政昏昧,百姓就艰难; |
| 其正察察,其邦缺缺。 | 若朝政苛察,国家就缺人。 |

祸,福之所倚,	祸中有福,
福,祸之所伏。	福中有祸。
孰知其极?	哪里是头?
其无正也。	绝无正解。

正,复为奇;	正,可反变为邪;
善,复为妖。	善,可反变为恶。
人之迷也!	人们却很迷惑!
其曰固久矣。	这也非常久远。

是以,	因此要,
方而不割,	方正但不刺人,
兼而不刺,	包容但不取代,
直而不绁,	正直但不束缚,
光而不眺。	光明但不炫目。

第23段　治人唯啬

【原文】　治人事天莫若啬夫唯啬是以蚤服蚤服是谓重积德重积德则无不克无不克则莫知其极莫知其极可以有国有国之母可以长久是谓深根固氐长生久视之道也

【诗文】

治人事天，	为天下治理百姓，
莫若啬。	一定要吝惜权力。
夫唯啬，	只有吝惜权力，
是以蚤服。	才能早日归顺。
蚤服，	实现早日归顺，
是谓重积德。	就是厚重的得。
重积德，	能有厚重的得，
则无不克。	则能无往不胜。
无不克，	能够无往不胜，
则莫知其极。	则能用之不尽。
莫知其极，	能够用之不尽，
可以有国。	才能治好国家。

有国之母，　　　　　　　　以治好国为本，
可以长久。　　　　　　　　就可长久不衰。

是谓深根固氐，　　　　　　这即根深柢固，
长生久视之道也。　　　　　长安久治之道。

第 24 段 两不相伤

【原文】 治大国若烹小鲜以道立天下其鬼不神非其鬼不神也其神不伤人也非其神不伤人也圣人亦弗伤也夫两不相伤故德交归焉

【诗文】

治大国若烹小鲜,	治大国若烹小鱼,
以道立天下,	这是以道治天下,
其鬼不神。	这有些离奇的神。
非其鬼不神也,	不仅有些离奇的神,
其神不伤人也;	而且神在不伤百姓。
非其神不伤人也,	不仅神在不伤百姓,
圣人亦弗伤也。	而且这也不伤圣人。
夫两不相伤,	这样两不相伤,
故德交归焉。	反而皆有所得。

第 25 段　大者宜下

【原文】 大邦者下流也天下之牝也天下之交也牝恒以靓胜牡为其靓也故宜为下故大邦以下小邦则取小邦小邦以下大邦则取于大邦故或下以取或下而取故大邦者不过欲兼畜人小邦者不过欲入事人夫皆得其欲则大者宜为下

【诗文】

大邦者，	大国，
下流也，	好比大河之下游，
天下之牝也，	好比天下之雌母，
天下之交也。	好比天下之交汇。
牝，	雌，
恒以靓胜牡。	总是以静胜雄。
为其靓也，	因其以静，
故宜为下。	故最好居下。
故，	故，
大邦以下小邦,则取小邦；	大国对小国居下,则为得到小国；
小邦以下大邦,则取于大邦。	小国对大国居下,则为依赖大国。
故，	故，
或下以取，	或者居下是为了得到，

或下而取。 或者居下是为了依赖。

故, 故,
大邦者,不过欲兼畜人; 大国,不过是要得到别国;
小邦者,不过欲入事人。 小国,不过是要依赖别国。
夫皆得其欲。 这样各得其所。

则, 则,
大者, 要行大事,
宜为下。 最好居下。

第 26 段　万物之注

【原文】 道者万物之注也善人之宝也不善人之所保也美言可以市尊行可以贺人人之不善何弃之有故立天子置三卿虽有共之璧以先四马不若坐而进此古之所以贵此者何也不谓求以得有罪以免与故为天下贵

【诗文】

道者，	道，
万物之注也，	浇灌着万物，
善人之宝也，	是善人之宝，
不善人之所保也。	也保不善人。
美言可以市，	献媚的言辞可以渔利，
尊行可以贺人，	奉承的行为可以悦人，
人之不善何弃之有？	人的不善哪会被抛弃？
故，	所以，
立天子，	天子即位时，
置三卿，	重臣上任时，
虽有共之璧以先四马，	虽已有拱璧开道与驷马銮车，
不若坐而进此。	但不如进献上述那现成言行。

古之所以贵此者，	之所以一直有人看重这些，
何也？	为何？
不谓求以得，	不就希求有所得，
有罪以免与？	希求有罪能免吗？
故为天下贵。	故为天下有些人看重。

第 27 段　图难从易

【原文】　为无为事无事味无味大小多少报怨以德图难乎其易也为大乎其细也天下之难作于易天下之大作于细是以圣人终不为大故能成其大夫轻诺必寡信多易必多难是以圣人犹难之故终于无难

【诗文】

为,无为$_4$;	要作为,就要无己目的;
事,无事;	要成事,就要天下无事;
味,无味。	要尝试,就要保持淡定。
大,小;	大的事,要化小来做;
多,少;	复杂事,要化简来做;
报怨,以德。	对怨气,要以得化之。
图难乎,其易也;	做难事,要化成易事来做;
为大乎,其细也。	做大事,要化成小事来做。
天下之难,作于易;	天下难事,要从易事着手;
天下之大,作于细。	天下大事,要从小事着手。
是以,	所以,
圣人终不为大,	圣人终不为大,
故能成其大夫!	反而能成就大!

轻诺,必寡信; 　　　　　随意许诺,必会失去信用;
多易,必多难。 　　　　　太过容易,必会遭遇困难。

是以, 　　　　　　　　　所以,
圣人猷难之, 　　　　　　圣人总往难处想,
故终于无难。 　　　　　　因此最终就无难。

第28段　治其未乱

【原文】　其安也易持也其未兆也易谋也其脆易判其微易散为之乎其未有治之乎其未乱合抱之木作于毫末九成之台作于蔂土百仞之高始于足下为之者败之执者失之是以圣人无为也故无败也无执也故无失也

【诗文】

其安也，易持也；	安定，就易维持；
其未兆也，易谋也。	未萌，就易谋划。
其脆，易判；	脆弱，就易破碎；
其微，易散。	微小，就易分散。
为之乎，其未有；	要作为，应在事情未发生之前；
治之乎，其未乱。	要治理，应在天下未动乱之前。
合抱之木，作于毫末；	合抱粗的树，是从一颗芽开始生长；
九成之台，作于蔂土；	九重高的台，是从一筐土开始垒起；
百仞之高，始于足下。	百人高的山，是从一迈步开始上爬。
为$_4$之者，败之；	有已目的，会败；
执者，失之。	执意持有，会失。

是以，	所以，
圣人，	圣人，
无为₄也，故无败也。	无己目的，故无败；
无执也，故无失也。	无意持有，故无失。

第 29 段　慎终若始

【原文】　民之从事也恒于其成事而败之故慎终若始则无败事矣是以圣人欲不欲而不贵难得之货学不学而复众人之所过能辅万物之自然而弗敢为故曰为道者非以明民也将以愚之也

【诗文】

民之从事也，	一般人行事，
恒于其成事，	总是想到成，
而败之。	反而导致败。
故，	故，
慎终若始，	慎终如始，
则无败事矣。	则无败绩。
是以，	所以，
圣人，	圣人，
欲,不欲,而不贵难得之货；	其欲望,就是无己欲,而不推崇稀罕之物；
学,不学,而复众人之所过。	其学习,就是不模仿,而受益于众人之过。
能辅万物之自然，	能自然地辅助万众，
而弗敢为₄。	而且不敢有己目的。

故曰： 因此说：
为道者， 遵道者，
非以明民也， 不以精明对百姓，
将以愚之也。 而以淳厚待他们。

第30段　不智治邦

【原文】　民之难治也以其知也故以知知邦邦之贼也以不知知邦邦之德也恒知此两者亦稽式也恒知稽式此谓玄德玄德深矣远矣与物反矣乃至大顺

【诗文】

民之难治也， 以其知也。	天下百姓难于治理， 是因其上过于精明。
故， 以知知邦，邦之贼也； 以不知知邦，邦之德也。	故， 以精明来治国，是国之失； 以淳厚来治国，是国之得。
恒知此两者， 亦稽式也。	牢记这两方面， 即成治理之式。
恒知稽式， 此谓玄德。	牢记治理之式， 就是深厚的得。
玄德， 深矣远矣， 与物反矣， 乃至大顺。	深厚的得， 不仅深而且远， 不同于得财物， 而得万众归顺。

第 31 段　莫能与争

【原文】 江海之所以能为百谷王者以其善下之也是以能为百谷王是以圣人之欲上民也必以其言下之其欲先民也必以其身后之故居前而民弗害也居上而民弗重也天下乐推而弗猒也非以其无诤与故天下莫能与诤

【诗文】

江海，	大江大海，
之所以能为百谷王者，	之所以能成百川之王，
以其善下之也，	是因其总是居于下方，
是以能为百谷王。	所以才能成百川之王。

是以，　　　　　　　　　　　　所以，
圣人，　　　　　　　　　　　　圣人，
之欲上民也，必以其言下之；　　要对百姓居上，必以言辞居下；
其欲先民也，必以其身后之。　　要对百姓居前，必以自身居后。

故，　　　　　　　　　　　　　故，
居前，而民弗害也；　　　　　　如此居前，民心不受伤害；
居上，而民弗重也。　　　　　　如此居上，民心不受压抑。

天下乐推，　　　　　　　　　　天下人都乐于推崇，
而弗猒也。　　　　　　　　　　而不厌。

非以其无诤与？　　　　　　　　这样不就是不争吗？
故，　　　　　　　　　　　　　故，
天下莫能与诤。　　　　　　　　天下无人能与之争。

第32段　小邦寡民

【原文】　小邦寡民使什佰人之器毋用使民重死而远徙有车舟无所乘之有甲兵无所陈之使民复结绳而用之甘其食美其服乐其俗安其居邻邦相望鸡犬之声相闻民至老死不相往来

【诗文】

| 小邦， | 减小封地， |
| 寡民。 | 减少封民。 |

使什佰人之器毋用，	让兵器不再有用，
使民重死，	让百姓不再轻死，
而远*徙。	而且也不再迁徙。

| 有车舟，无所乘之； | 有战车战船，但无处乘用； |
| 有甲兵，无所陈之。 | 有武装军队，但无处用兵。 |

| 使民复结绳而用之。 | 让百姓重归结绳记事的宁静生活。 |
| 甘其食， | 享于自己的饮食， |

---

* 一般的帛书本《老子》中，在"远"字前还有一"不"字。但据高明[2]所述，无论是甲本还是乙本中，都没有这个"不"字。故从略。

美其服, 美于自己的服饰,

乐其俗, 乐于自己的习俗,

安其居。 安于自己的居所。

邻邦相望,鸡犬之声相闻; 邻国相望,鸡犬之声相闻;

民至老死,不相往来。 百姓一生,不再颠沛流离。

第 33 段　为而不争

【原文】　信言不美美言不信知者不博博者不知善者不多多者不善圣人无积既以为人己俞有既以予人矣己俞多故天之道利而不害人之道为而弗争

【诗文】

信言不美,美言不信;	可信之言不动听,动听之言不可信;
知者不博,博者不知;	深知之人不博学,博学之人不深知;
善者不多,多者不善。	善良之人不多占,多占之人不善良。
圣人无积。	圣人不积财。
既以为₄人,己俞有;	尽情为₄人,自己越有;
既以予人,己俞多。	尽情给人,自己越多。
故,	故,
天之道,利而不害;	天成之道,利万物而不害;
人之道,为而弗争。	圣人遵道,有作为而不争。

第34段　善战不怒

【原文】　天下皆谓我大大而不宵夫唯不宵故能大若宵久矣其细也夫我恒有三葆持而宝之一曰慈二曰检三曰不敢为天下先夫慈故能勇检故能广不敢为天下先故能为成事长今舍其慈且勇舍其检且广舍其后且先则必死矣夫慈以战则胜以守则固天将建之女以慈垣之故善为士者不武善战者不怒善胜敌者弗与善用人者为之下是谓不净之德是谓用人是谓肥天古之极也

【诗文】

天下皆谓我大，	各国皆自称大，
大而不宵。	大而不愿居小。
夫唯不宵，	唯这不愿居小，
故能大。	因而才去称大；
若宵久矣，	如果一直居小，
其细也夫！	定然非常卑微！
我恒有三葆，	我一直有三藏，
持而宝之。	并且藏而珍惜。
一曰慈，	一是慈爱，
二曰检*，	二是自约，
三曰不敢为天下先。	三是不敢为天下先。

---

* 一般的帛书本《老子》中，此字可能为"俭"。但据高明[2]所述，无论是甲本或乙本中，均为"检"。故从之。

夫，	这样，
慈，故能勇；	有慈爱，才能有勇气；
检，故能广；	守法度，才能广治理；
不敢为天下先，故能为成事长。	甘居后，才能助事成。

今，	如果，
舍其慈且勇，	舍去慈爱谈勇气，
舍其检且广，	舍去法度谈广治，
舍其后且先，	舍去居后谈占先，
则必死矣。	则必败无疑。

夫慈，	有慈爱，
以战则胜，	才能战之则胜，
以守则固。	才能守之则固。

天将建之女*，	即使天下要成全你，
以慈垣之。	也应该以慈爱应它。

故，	故，
善为士者，不武；	善为勇士者，不轻易用武；

---

* 一般的帛书本《老子》中，此字可能为"如"。但据高明[2]所述，甲本为"女"，乙本为"如"。本着以甲本为底本，甲本不足乙本补，乙本不足通行本补的原则，故从甲本。

善战者，不怒；　　　　　　　　善于战斗者，不会被激怒；
善胜敌者，弗与；　　　　　　　善于胜敌者，不正面交锋；
善用人者，为之下。　　　　　　善于用人者，总是会居下。

是谓不诤之德，　　　　　　　　这就是不争之得，
是谓用人，　　　　　　　　　　这就是善于用人，
是谓肥天，　　　　　　　　　　这就是有益天下，
古之极也。　　　　　　　　　　这就是自古之最。

第35段　哀者甚矣

【原文】　用兵有言曰吾不敢为主而为客吾不进寸而退尺是谓行无行攘无臂执无兵乃无敌矣祸莫大于无敌无敌近亡吾葆矣故称兵相若则哀者胜矣

【诗文】

用兵有言曰：	用兵者说：
吾不敢为主，而为客；	我不敢为主而只敢为客，
吾不进寸，而退尺。	我不敢进寸而只敢退尺。
是谓：	这就是：
行,无行；	行进，不见队伍；
攘,无臂；	推动，不见手臂；
执,无兵。	掌兵，不见军队。
乃无敌矣。	然而却无人能敌。
祸,莫大于无敌；	祸，莫大于轻敌。
无敌,近亡吾葆矣。	轻敌，几乎坏我三藏。
故，	故，
称兵相若，	两军相当，
则哀者胜矣。	哀兵必胜。

第 36 段　被褐怀玉

【原文】 吾言甚易知也甚易行也而人莫之能知也而莫之能行也言有君事有宗其唯无知也是以不我知知者希则我贵矣是以圣人被褐而怀玉

【诗文】

吾言，	我所言，
甚易知也，	很容易理解，
甚易行也。	很容易实行。
而人，	但世人，
莫之能知也，	却难于理解，
而莫之能行也。	也难于实行。
言有君，	言辞中有精神，
事有宗，	叙述中有宗旨，
其唯无知也，	却还是不理解，
是以不我知。	所以也不解我。
知者希，	能解的人越少，
则我贵矣。	说明我越重要。

是以,　　　　　　　所以,
圣人,　　　　　　　圣人,
被褐,　　　　　　　表面像褐石,
而怀玉。　　　　　　内里藏碧玉。

第 37 段　将病作病

【原文】　知不知尚矣不知不知病矣是以圣人之不病以其病病也是以不病

【诗文】

知不知，尚矣；	知道自己有不知之处，上佳；
不知不知，病矣。	不知自己有不知之处，是病。
是以，	因此，
圣人之不病，	圣人之所以不病，
以其病病也，	是因将病看作病，
是以不病。	所以不病。

第38段　自知自爱

【原文】　民之不畏畏则大畏将至矣毋闸其所居毋猒其所生夫唯弗猒是以不猒是以圣人自知而不自见也自爱而不自贵也故去彼而取此

【诗文】

民之不畏畏，	如果百姓不再畏惧，
则大畏将至。	则巨大的危险将至。
毋闸其所居，	别让他们流离失所，
毋猒其所生。	别让他们迫于生计。
夫唯弗猒，	只有不去压迫百姓，
是以不猒。	才不会被百姓厌恶。
是以，	所以，
圣人，	圣人，
自知而不自见也，	自知而不自显，
自爱而不自贵也。	自爱而不自贵。
故，	所以，
去彼，	去除自显自贵，
而取此。	而取自知自爱。

第 39 段 天网恢恢

【原文】 勇于敢者则杀勇于不敢者则活此两者或利或害天之所恶孰知其故天之道不战而善胜不言而善应不召而自来单而善谋天网恢恢疏而不失

【诗文】

勇于敢者,则杀;　　　　　　逞强者,则败;
勇于不敢者,则活。　　　　　示弱者,则胜。

此两者,　　　　　　　　　　此二者,
或利或害,　　　　　　　　　谁利谁害,
天之所恶。　　　　　　　　　天的好恶,
孰知其故。　　　　　　　　　谁知何故。

天之道:　　　　　　　　　　天成之道,
不战而善胜,　　　　　　　　不战而善胜,
不言而善应,　　　　　　　　不言而善对,
不召而自来。　　　　　　　　不召而自来。

单而善谋,　　　　　　　　　大而善谋,
天网恢恢,　　　　　　　　　天网恢恢,
疏而不失。　　　　　　　　　疏而不漏。

第40段　司杀者杀

【原文】　若民恒且不畏死奈何以杀惧之也若民恒且畏死而为畸者吾将得而杀之夫孰敢矣若民恒且必畏死则恒有司杀者夫代司杀者杀是代大匠斲也夫代大匠斲者则希不伤其手矣

【诗文】

若民恒且不畏死，	若世人几乎不怕死，
奈何以杀惧之也？	如何再能以死惧之？
若民恒且畏死，	若世人几乎怕死，
而为畸者，	遇有捣乱出格者，
吾将得而杀之夫！	则直接捉拿诛杀！
孰敢矣？	看谁人还敢捣乱？
若，	如此，
民恒且必畏死，	世人将必定会怕死，
则恒有司杀者。	则定要常设司法者。
夫代司杀者杀，	若代司法者施刑，
是代大匠斲也。	好比代巧匠劈木。
夫代大匠斲者，	若代替巧匠劈木，
则希不伤其手矣。	则少有不伤手的。

第 41 段 税多人饥

【原文】 人之饥也以其食税之多也是以饥百姓之不治也以其上之有以为也是以不治民之轻死也以其求生之厚也是以轻死夫唯无以生为者是贤贵生

【诗文】

人之饥也，	百姓之所以饥饿，
以其食税之多也，	是他们纳税太多，
是以饥。	所以饥饿。
百姓之不治也，	百姓之所以难治，
以其上之有以为₄也，	是上面有己谋求，
是以不治。	所以难治。
民之轻死也，	百姓之所以轻死而走险，
以其求生之厚也，	是因他们求生欲望强烈，
是以轻死。	所以轻死走险。
夫唯无以生为者，	只当生命难以为继时，
是贤贵生。	才渴望珍惜生命。

第 42 段　柔弱居上

【原文】　人之生也柔弱其死也筋朋坚强万物草木之生也柔脆其死也枯槁故曰坚强者死之徒也柔弱微细生之徒也是以兵强则不胜木强则恒强大居下柔弱微细居上

【诗文】

| 人之生,也柔弱; | 人活着,身体很柔软; |
| 其死,也筋朋坚强。 | 若死去,浑身却僵硬。 |

万物草木之生,也柔脆;　　　草木活着,枝叶很柔脆;
其死,也枯槁。　　　　　　若已死去,枝叶却枯槁。

故曰:　　　　　　　　　　因此说:
坚强者,死之徒也;　　　　　僵直刚硬者,属死去的;
柔弱微细,生之徒也。　　　　柔软微细者,属活着的。

是以,　　　　　　　　　　所以,
兵强则不胜,　　　　　　　　兵逞强则不胜,
木强则恒。　　　　　　　　　木硬虽能持久。

强大居下,　　　　　　　　　若要强大则应居下,
柔弱微细居上。　　　　　　　柔弱卑微才能居上。

第43段　为而不有

【原文】　天之道犹张弓者也高者印之下者举之有余者损之不足者补之故天之道损有余而益不足人之道则不然损不足而奉有余孰能有余而有以取奉于天者乎唯又道者乎是以圣人为而弗又成功而弗居也若此其不欲见贤也

【诗文】

天之道，	天成之道，
犹张弓者也，	好似张弓，
高者印之，	高端往下按，
下者举之。	低端往上顶。
有余者损之，	富余者减之，
不足者补之。	不足者补之。
故，	故，
天之道，	天成之道，
损有余，	是减富余，
而益不足。	而补不足。
人之道，	有人的做法，
则不然，	却不是这样，
损不足，	是减不足，
而奉有余。	而补富余。

孰能有余,　　　　　　　　谁能有余,
而有以取奉于天者乎?　　　又能取而奉于天下?
唯又道者乎?　　　　　　　岂不是只有遵道者?

是以,　　　　　　　　　　所以,
圣人,　　　　　　　　　　圣人,
为,而弗又;　　　　　　　有作为,却不占有;
成功,而弗居也。　　　　　助成功,却不居功。

若此,　　　　　　　　　　如此,
其不欲见贤也。　　　　　　是不欲显己贤能。

第 44 段　弱能胜强

【原文】　天下莫柔弱于水而攻坚强者莫之能先也以其无以易之也水之胜刚也弱之胜强也天下莫弗知也而莫之能行也故圣人之言云曰受邦之訽是谓社稷之主受邦之不祥是谓天下之王正言若反

【诗文】

天下莫柔弱于水,	天下没啥比水更弱,
而攻坚强者,	但所有能攻坚者中,
莫之能先也,	没有能与水相比的,
以其无以易之也。	因此也不可被替代。
水之胜刚也,	水能胜刚,
弱之胜强也。	就是弱能胜强。
天下莫弗知也,	天下没有人不知,
而莫之能行也。	但也没人能遵行。
故,	故,
圣人之言云曰:	圣人说:
受邦之訽,是谓社稷之主;	能承受国耻,才是社稷之主;
受邦之不祥,是谓天下之王。	能担待国难,才是天下之王。
正言,	正面道理,
若反。	像似反语。

第 45 段　天道无亲

【原文】　和大怨必有余怨焉可以为善是以圣人右介而不以责于人故有德司介无德司彻夫天道无亲恒与善人

【诗文】

和大怨，	和解仇怨，
必有余怨，	必留余怨，
焉可以为善？	如何是好？
是以，	所以，
圣人右介，	圣人总是助人，
而不以责于人。	从不责难于人。
故，	故，
有德，司介；	若要高层次的得，就行助；
无德，司彻。	不要高层次的得，才行毁。
夫天道，	天成之道，
无亲，	不分亲疏，
恒与，	总在给与，
善人。	善待于人。

第46段　万物之始

【原文】　道可道也非恒道也名可名也非恒名也无名万物之始也有名万物之母也故恒无欲也以观其眇恒有欲也以观其所徼两者同出异名同谓玄之又玄众眇之门

【诗文】

道，	道，
可道也，	是可说的，
非恒道也。	但非一些人说的"道"。
名，	明，
可名也，	是可明的，
非恒名也。	但非一些人说的"明"。
无,名万物之始也；	无,是要明万物之始；
有,名万物之母也。	有,是要明万物之母。
故，	故，
恒无，	总是说"无"，何意？
欲也？	
以观其眇；	是要追索万物的终极；
恒有，	总是说"有"，何意？

欲也?
以观其徼。　　　　　　　是要追索万物的外延。

两者同出，　　　　　　　二者相生而同现，
异名同谓；　　　　　　　异名却同述一事；

玄之又玄，　　　　　　　非常非常之深奥，
众眇之门。　　　　　　　所有奥妙之关键。

第47段　有无相生

【原文】 天下皆知美之为美恶已皆知善斯不善矣有无之相生也难易之相成也长短之相刑也高下之相盈也音声之相和也先后之相随恒也是以圣人居无为之事行不言之教万物作而弗始也为而弗志也成功而弗居也夫唯弗居是以弗去

【诗文】

天下皆知：	天下皆知：
美之为美，恶已；	美之所以美，是因有丑恶；
皆知：	皆知：
善，斯不善矣。	善之所以善，是因有不善。
有无之相生也，	有与无的相互而生，
难易之相成也，	难与易的相互而成，
长短之相刑也，	长与短的相互而形，
高下之相盈也，	高与下的相互盈缩，
音声之相和也，	合奏与独奏的相和，
先后之相随，	先与后的相互而随，
恒也。	总是如此。
是以，	所以，
圣人，	圣人，
居无为₄之事，	做事无已目的，

68

行不言之教, 　　　　　　　行使不言之教;

万物, 　　　　　　　　　　对万众,
作,而弗始也; 　　　　　　　行培育,却从不发起;
为,而弗志也; 　　　　　　　有作为,却从不强加;
成功,而弗居也。 　　　　　　助成功,却从不占有。

夫唯弗居, 　　　　　　　　就是因为不占有,
是以弗去。 　　　　　　　　所以才无可失去。

第48段　不敢不为

【原文】 不上贤使民不争不贵难得之货使民不为盗不见可欲使民不乱是以圣人之治也虚其心实其腹弱其志强其骨恒使民无知无欲也使夫知不敢弗为而已则无不治矣

【诗文】

不上贤,使民不争;	不推崇贤能之人,使民不相争;
不贵难得之货,使民不为盗;	不稀罕难得之货,使民不为盗;
不见可欲,使民不乱。	不显现贪欲之机,使民不心乱。
是以,	所以,
圣人之治也,	圣人之治,
虚其心,实其腹;	虚其心机,让民心朴实;
弱其志,强其骨。	弱其顽志,让骨气自强。
恒使民,无知无欲也;	总是使民众,无机巧无贪机;
使夫知,不敢弗为。	使官吏知道,他不敢不作为。
而已,	如此而已,
则无不治矣。	则无不治。

第 49 段　挫锐解纷

【原文】　道冲而用之有弗盈也渊呵似万物之宗锉其兑解其纷和其光同其尘湛呵似或存吾不知其谁之子象帝之先

【诗文】

道，	道，
冲，	看似很空虚，
而用之有弗盈也。	却用之不尽。
渊呵！	深邃啊！
似万物之宗。	似万物之源。
锉其兑，解其纷；	挫败尖锐矛盾，解除平常纷争；
和其光，同其尘。	和谐闪光上层，协同平凡下层。
湛呵！	隐没啊！
似或存。	似或有或无。
吾不知其谁之子，	不知是谁之后，
象帝之先。	像天帝之祖先。

第 50 段　不若守中

【原文】 天地不仁以万物为刍狗圣人不仁以百姓为刍狗天地之间其犹橐籥与虚而不淈动而俞出多闻数穷不若守于中

【诗文】

天地，不仁以万物为刍狗；	天地，不忍以万物为祭品；
圣人，不仁以百姓为刍狗。	圣人，不忍以百姓为祭品。
天地之间，	天地之间，
其犹橐籥与？	不似风箱？
虚而不淈，	空而不尽，
动而俞出。	越动越出。
多闻，	听闻越多，
数穷，	忘得越快，
不若守于中。	不如内心思辨。

第51段　无私成私

【原文】 谷神不死是谓玄牝玄牝之门是谓天地之根緜緜呵其若存用之不堇天长地久天地之所以能长且久者以其不自生也故能长生是以圣人退其身而身先外其身而身存不以其无私与故能成其私

【诗文】

谷神不死，	坚持河谷之精神，
是谓玄牝。	就是深厚的雌母。
玄牝之门，	深厚雌母的精妙，
是谓天地之根緜。	天下万物之本源。
緜呵！	绵延不绝啊！
其若存，	虽若有若无，
用之不堇。	但用之不尽。
天长，	天长生，
地久。	地永恒。
天地之所以能长且久者，	天地之所以能长久，
以其不自生也。	是其不自生。
故能长生。	反而能长生。
是以，	所以，
圣人，	圣人，

退其身,而身先;　　　　　置身民后,反而能在民前;
外其身,而身存。　　　　　置身事外,反而能在事中。

不以其无私与?　　　　　　这不就是无私吗?
故能成其私。　　　　　　　反而能成就自身。

第 52 段　上善如水

【原文】　上善如水水善利万物而有静居众人之所恶故几于道矣居善地心善渊予善天言善信正善治事善能动善时夫唯不静故无尤

【诗文】

上善如水。	上善如水。
水善，	水的善在于，
利万物而有静，	能利万物但自身却很平静，
居众人之所恶。	而自居于大家所厌恶之地。
故，	故，
几于道矣。	水几乎同于道。
居，善地；	居住，一定要好地方，
心，善渊；	心思，一定要很深沉，
予，善天；	给予，一定要选吉日，
言，善信；	言谈，一定要被相信，
正，善治；	做官，一定要已安定，
事，善能；	行事，一定要很擅长，
动，善时。	出动，一定要好时辰。
夫唯不静*，	但就是因其不静，
故无尤。	故无甚优异之处。

---

* 一般的帛书本《老子》中，该字可能为"争"。但据高明[2]所述，甲本为"静"，乙本为"争"。故从甲本。

第 53 段　富骄遗咎

【原文】　持而盈之不若其已揣而允之不可长葆也金玉盈室莫之守也贵富而骄自遗咎也功遂身退天之道也

【诗文】

持而盈之，	持有而盈溢，
不若其已；	不如放弃；
揣而允之，	揣摩而深信，
不可长葆也；	不能常保；
金玉盈室，	金玉满屋堂，
莫之守也；	难以持守；
贵富而骄，	富贵而骄横，
自遗咎也。	自留祸殃。
功遂身退，	助成功而不居功，
天之道也。	是天成之道。

第 54 段　长而不宰

【原文】 戴营魄抱一能毋离乎槫气至柔能婴儿乎脩除玄监能毋有疵乎爱民活国能毋以知乎天门启阖能为雌乎明白四达能毋以知乎生之畜之生而弗有长而弗宰也是谓玄德

【诗文】

戴营魄抱一， 能毋离乎？	形神合一， 能否不分离？
槫气至柔， 能婴儿乎？	聚气至柔， 能否似婴孩？
脩除玄监， 能毋有疵乎？	修饰铜镜， 能否无瑕疵？
爱民活国， 能毋以知乎？	爱民利国， 能否不精明？
天门启阖， 能为雌乎？	心智发动， 能否为雌柔？
明白四达， 能毋以知乎？	明事达理， 能否不狡诈？

生之,　　　　　　　　　让民生息,
畜之。　　　　　　　　容民养众。

生,而弗有;　　　　　　让民生息,但不占有;
长,而弗宰也。　　　　　容民养众,但不主宰。

是谓,　　　　　　　　这就是,
玄德。　　　　　　　　深厚的得。

第 55 段　无之为用

【原文】　卅辐同一毂当其无有车之用也燃埴而为器当其无有埴器之用也凿户牖当其无有室之用也故有之以有利无之以为用

【诗文】

卅辐同一毂，	三十根辐条同一轮毂，
当其无，	当中空无，
有车之用也。	有用于车轮。
燃埴而为器，	烧黏土为陶器，
当其无，	当中空无，
有埴器之用也。	有用于陶器。
凿户牖，	墙上开凿窗户，
当其无，	当中空无，
有室之用也。	有用于房舍。
故，	故，
有之，以有利；	虽有了，可以有利；
无之，以为用。	但无了，也能有用。

第56段　五色目盲

【原文】 五色使人目盲驰骋田猎使人心发狂难得之货使人之行方五味使人之口爽五音使人之耳聋是以圣人之治也为腹而不为目故去彼而取此

【诗文】

五色,使人目盲;	五颜六色,使人目盲;
驰骋田猎,使人心狂。	驰骋行猎,使人心狂。
难得之货,使人之行方。	稀罕之物,使人古怪。
五味,使人之口爽;*	五味杂陈,使人舌木;
五音,使人之耳聋。	五音交织,使人耳聋。
是以,	所以,
圣人之治也,	圣人治世,
为$_4$腹,	是为民心朴实,
而不为$_4$目。	不为诱人虚华。
故,	故,
去彼,	去除诱人虚华,
而取此。	而取民心朴实。

---

　* 一般的帛书本《老子》中,此两句可能在第一句之后,形成连续的五字头三句。但据高明[2]所述,无论是甲本还是乙本,都是目前这样的顺序。故从之。

第 57 段 可托天下

【原文】 宠辱若惊贵大患若身何谓宠辱若惊宠之为下也得之若惊失之若惊是谓宠辱若惊何谓贵大患若身吾所以有大患者为吾有身也及吾无身有何患故贵为身于为天下若可以托天下矣爱以身为天下女何以寄天下

【诗文】

宠辱若惊，	有人会得宠失宠都似受惊，
贵大患若身。	有人却视天下大患如自身。
何谓宠辱若惊？	什么是得宠失宠都似受惊？
宠之为下也，	是因被宠是为下，
得之若惊，	得宠会似受惊，
失之若惊。	失宠也似受惊。
是谓宠辱若惊。	这就是得宠失宠都似受惊。
何谓贵大患若身？	何为视天下大患如自身？
吾所以有大患者，	我之所以能有天下大患，
为吾有身也，	是因我有忧国忧民之身，
及吾无身，	若我没有忧国忧民之身，
有何患？	有何大患？
故，	故，

贵为身于为₄天下，　　　　　　愿意为天下献身，
若可以托天下矣；　　　　　　你才可以托天下；

爱以身为₄天下，　　　　　　　不愿为天下献身，
女何以寄天下。　　　　　　　　你怎可以托天下。

第 58 段 无形之形

【原文】 视之而弗见名之曰微听之而弗闻名之曰希捪之而弗得名之曰夷三者不可至计故混而为一一者其上不谬其下不惚寻寻呵不可名也复归于无物是谓无状之状无物之象是谓沕望随而不见其后迎而不见其首执今之道以御今之有以知古始是谓道纪

【诗文】

视之而弗见,名之曰微;	视而不见,称为微;
听之而弗闻,名之曰希;	听而不闻,称为希;
捪之而弗得,名之曰夷。	触而不觉,称为夷。
三者不可至计,	三者难以细分,
故混而为一。	故而浑然一体。
一者,	浑然一体,
其上不谬,	稍过也不至于谬误,
其下不惚。	稍欠也不至于恍惚。
寻寻呵,	寻寻觅觅啊,
不可名也。	也不得其貌。
复归于无物,	还是归于无物像,
是谓无状之状。	也就是无形之形。

无物之象，　　　　　　　　无物之像，
是谓沕望。　　　　　　　　是要深深想望。

随，而不见其后；　　　　　随后，不见其背；
迎，而不见其首。　　　　　迎面，不见其面。

执今之道，　　　　　　　　用这样的道，
以御今之有，　　　　　　　以解释当前的有，
以知古始。　　　　　　　　以知万物的起源。

是谓，　　　　　　　　　　这就是，
道纪。　　　　　　　　　　道的要领。

第59段　浊而静之

【原文】 古之善为道者微眇玄达深不可志夫唯不可志故强为之容曰与呵其若冬涉水猷呵其若畏四邻严呵其若客涣呵其若凌泽沌呵其若朴湷呵其若浊旷呵其若谷浊而静之徐清安以动之徐生葆此道者不欲盈夫唯不欲盈是以能敝而不成

【诗文】

古之善为道者，	古时遵道者，
微眇玄达，	精深而通达，
深不可志。	深不可描述。
夫唯不可志，	就是因不可描述，
故强为之容，	所以才勉力形容，
曰：	即：
与呵，其若冬涉水；	结交啊，像冬天涉水；
猷呵，其若畏四邻；	谨慎啊，像畏惧四邻；
严呵，其若客；	尊严啊，像宾客；
涣呵，其若凌泽；	解难啊，像冰释；
沌呵，其若朴；	淳朴啊，像原木；
湷呵，其若浊；	浑厚啊，像黄河；
旷呵，其若谷。	心旷啊，像河谷。
浊，	浑浊的，

85

而静之，　　　　　　　　使其平静，
徐清。　　　　　　　　　会逐渐变清。

安，　　　　　　　　　　静止的，
以动之，　　　　　　　　使其行动，
徐生。　　　　　　　　　会渐有生机。

葆此道者，　　　　　　　保有此道之人，
不欲盈。　　　　　　　　不会盛气凌人。

夫唯不欲盈，　　　　　　就是因不盛气凌人，
是以能，　　　　　　　　所以能，
敝而不成。　　　　　　　收敛而不张扬。

第 60 段　复归其根

【原文】 至虚极也守静督也万物旁作吾以观其复也天物云云各复归于其根曰静静是谓复命复命常也知常明也不知常芇芇作凶知常容容乃公公乃王王乃天天乃道道乃久没身不殆

【诗文】

至虚,极也;	心至虚空,是为穷尽;
守静,督也。	持守平静,是为思索。

万物旁作,吾以观其复也;	万物兴起,我以观其往复;
天物云云,各复归于其根。	天物种种,各会复归其根。

曰静,	说到静,
静,	静,
是谓复命。	就是要反思。

复命,	反思,
常也。	是要探究规律。

知常,明也。	知晓规律,就是明。
不知常,芇芇作凶。	不知规律,就会茫然涉险。

知常,	知晓规律,

容。 还能包容。

容,乃公; 能包容,才能无私;
公,乃王; 能无私,才能成王;
王,乃天; 能成王,才能治世;
天,乃道; 能治世,才能遵道;
道,乃久。 能遵道,才能持久。
没身不殆。 以致始终无险。

第61段　下知有之

【原文】　大上下知有之其次亲誉之其次畏之其下侮之信不足案有不信猷呵其贵言也成功遂事而百姓谓我自然故大道废案有仁义知彗出案有大伪六亲不和案有孝慈邦家昏乱案有贞臣

【诗文】

大上,下知有之;	上等的君主,底下只知有他;
其次,亲誉之;	其次的君主,底下当面誉他;
其次,畏之;	再次的君主,底下常惧怕他;
其下,侮之。	最次的君主,底下常诋毁他。
信不足,	当诚信不足,
案有不信。	才有不信任。
猷呵!	谨慎啊!
其贵言也。	不要轻易出言。
成功遂事,	助事成功之后,
而百姓谓我自然。	百姓只觉一切自然。
故,	故,

大道废,案有仁义; 　　　　　道被废弃,才有仁义;
知訾出,案有大伪。 　　　　　机巧使出,才有大讹。

六亲不和,案有孝慈; 　　　　六亲不和,才有孝慈;
邦家昏乱,案有贞臣。 　　　　朝政昏乱,才有直臣。

第 62 段　少私寡欲

【原文】 绝圣弃知民利百倍绝仁弃义民复孝慈绝巧弃利盗贼无有此三言也以为文未足故令之有所属见素抱朴少私寡欲绝学无忧

【诗文】

绝圣弃知,民利百倍;	杜绝刁钻摒弃机巧,百姓有利百倍;
绝仁弃义,民复孝慈;	杜绝仁礼摒弃义气,百姓回复孝慈;
绝巧弃利,盗贼无有。	杜绝取巧摒弃逐利,不会再有盗贼。
此三言也,	这三句话,
以为文未足,	仅写出来还不够,
故令之有所属。	故还要不断提醒。
见素,抱朴;	外表朴素,内心淳朴;
少私,寡欲;	少计私利,淡薄欲望;
绝学,无忧。	杜绝礼学,再无忧患。

第63段　独贵食母

【原文】　唯与诃其相去几何美与恶其相去何若人之所畏亦不可以不畏人望呵其未央才众人熙熙若乡于大牢而春登台我泊焉未兆若婴儿未咳累呵如无所归众人皆有余我独遗我愚人之心也蠢蠢呵鬻人昭昭我独若昏呵鬻人察察我独闵闵呵惚呵其若海望呵其若无所止众人皆有以我独顽以鄙吾欲独异于人而贵食母

【诗文】

唯与诃,其相去几何?	是与非,相去有多远?
美与恶,其相去何若?	美与恶,相比差多少?

人之所畏,	人所畏惧之物,
亦不可以不畏人。	不可能不怕人。

望呵,	放眼望啊,
其未央才,	天下虽还未到极致,
众人熙熙,	但众人却兴高采烈,
若乡于大牢而春。	像分享祭春之祭品。

登台,	为君,
我泊焉,	我淡泊,
未兆,	一切还未开始,
若婴儿未咳。	只是像还不会笑的婴儿。

累呵,	忧啊,

如无所归。	好似无家可归。
众人皆有，	众人皆有所归，
余我独遗。	而我独自余留。
我，	我，
愚人之心也。	怀揣愚人之心。
蠢蠢*呵，	愚鲁啊，
鬻人昭昭，我独若昏呵；	众人皆清醒，唯我昏昧啊；
鬻人察察，我独闵闵呵。	众人皆清楚，唯我糊涂啊。
惚呵，其若海。	恍惚啊，好似大海茫茫。
望呵，其若无所止。	远望啊，好似还不会止。
众人皆有，	众人皆有所获，
以我独顽以鄙。	唯我冥顽浅陋。
吾欲，	我要，
独异于人，	独自与众不同，
而贵食母。	而会看重百姓。

---

* 一般的帛书本《老子》中，该两字可能为"蠢蠢 chǔnchǔn"。但详察老子帛书原稿照片[6]，甲本照片放大后显示这个字可能为"蠢 chǔn"或"蠢 chōng"，因为那片帛正好在这个字的中剖线上裂开了，难以区分上面是个"春"还是个"春"字头。联系上下文看，蠢 chōng，愚也，蠢蠢 chōngchōng，愚上加愚，其意与上下文协调一致。而蠢蠢 chǔnchǔn，即蠢蠢，意蠢蠢欲动，与上下文不协调。而乙本则为"湷"字，表示水深声，或通"浑"，与上下文相去也远。故从"蠢蠢 chōngchōng"。

第 64 段　孔德之容

【原文】　孔德之容唯道是从道之物唯望唯惚惚呵望呵中有象呵望呵惚呵中有物呵幽呵冥呵中有请呵其请甚真其中有信自今及古其名不去以顺众父吾何以知众父之然以此

【诗文】

孔德之容，	大德形象，
唯道是从。	唯道相合。
道之物，	道，
唯望，	只能远望，
唯惚。	只是隐约。
惚呵，	隐约呵，
望呵，	远望呵，
中有象呵！	中有万象！
望呵，	远望呵，
惚呵，	隐约呵，
中有物呵！	中有万物！
幽呵，	深远啊，
冥呵，	精妙啊，

中有请呵!	中有本性!
其请甚真，	本性甚真，
其中有信。	真实可信。
自今及古，	从今溯古，
其名不去，	明确不变，
以顺众父。	均归于道。
吾何以知众父之然，	我怎晓道之理，
以此。	就是如此。

第 65 段　自视不彰

【原文】 炊者不立自视者不章自见者不明自伐者无功自矜者不长其在道也曰余食赘行物或恶之故有欲者弗居

【诗文】

炊者,不立;	吹嘘者,难以立业;
自视者,不章;	高傲者,难以彰显;
自见者,不明;	自现者,难以成名;
自伐者,无功;	称功者,难以有功;
自矜者,不长。	自负者,难以位高。
其在道也。	这些符合道。
曰:	可以说:
余食赘行,	残羹以及绕路,
物或恶之。	大众都会厌恶。
故,	故,
有欲者弗居。	有志者不处。

第66段　曲全成全

【原文】　曲则全枉则正洼则盈敝则新少则得多则惑是以圣人执一以为天下牧不自视故章不自见故明不自伐故有功弗矜故能长夫唯不争故莫能与之争古之所谓曲全者几语才诚全归之

【诗文】

曲，则全；	能承受委屈，才能成全大局；
枉，则正。	能担待冤枉，才能彰显正直。
洼，则盈；	越是低洼之处，越容易充满；
敝，则新；	越是陈旧之地，越容易出新；
少，则得；	越是少的期望，越容易满足；
多，则惑。	越是多的欲望，越容易迷惑。
是以，	所以，
圣人执一，	圣人只以道，
以为$_4$天下牧。	为天下治理。
不自视，故章；	不高傲，反而能彰显；
不自见，故明；	不自现，反而能成名；
不自伐，故有功；	不称功，反而能有功；
弗矜，故能长。	不自负，反而能位高。

夫唯不争，　　　　　　　　只有与别人无争，
故莫能与之争。　　　　　　才无人能与你争。

古之所谓曲全者，　　　　　过去所谓的委曲求全，
几语才？　　　　　　　　　岂是说论而已？
诚全归之。　　　　　　　　终会成全而归。

第 67 段　得者同得

【原文】 希言自然飘风不冬朝暴雨不冬日孰为此天地而弗能久有兄于人乎故从事而道者同于道德者同于德失者同于失同于德者道亦德之同于失者道亦失之

【诗文】

希言自然。	少出言是自然之事。
飘风不冬朝,	狂风不会刮一早晨,
暴雨不冬日。	暴雨不会下一整天。
孰为₄此?	为何如此?
天地而弗能久,	天地行事皆不能久,
有兄于人乎?	又何况乎人呢?
故,	故,
从事而道者,	治理且遵道,
同于道。	就等同于道。
德者,同于德;	真正的得,是共同的得;
失者,同于失。	严重的失,是共同的失。
同于德者,道亦德之;	共同的得,道也得之;
同于失者,道亦失之。	共同的失,道也失之。

第 68 段　有物昆成

【原文】　有物昆成先天地生萧呵漻呵独立而不改可以为天地母吾未知其名字之曰道吾强为之名曰大大曰逝逝曰远远曰返道大天大地大王亦大国中有四大而王居其一焉人法地地法天天法道道法自然

【诗文】

有物昆成，	一物浑然天成，
先天地生。	它先天地而生。
萧呵！	隐秘啊！
漻呵！	深奥啊！
独立而不改，	独立而且不变，
可以为天地母。	可为天地之母。
吾未知其名，	我不知其名，
字之曰道，	为其取字为"道"，
吾强为之名曰大。	再勉力为其取名为"大"。
大，曰逝；	名大，是说能遍及；
逝，曰远；	遍及，是说能致远；
远，曰返。	致远，是说能复归。
道大，	道为大，

天大，　　　　　　　　　天也大，
地大，　　　　　　　　　地也大，
王亦大。　　　　　　　　王又大。

国中有四大，　　　　　　这样国中有四大，
而王居其一焉。　　　　　王只是其一而已。

人，法地；　　　　　　　王，效法地；
地，法天；　　　　　　　地，效法天；
天，法道。　　　　　　　天，效法道。

道法，　　　　　　　　　道法，
自然。　　　　　　　　　自然天成。

第 69 段　重为轻根

【原文】 重为轻根静为躁君是以君子冬日行不离其辎重唯有环官燕处则昭若若何万乘之王而以身轻于天下轻则失本躁则失君

【诗文】

重,为轻根;	稳重,是制约轻浮的根本;
静,为躁君。	冷静,是克服急躁的把控。
是以,	所以,
君子冬日行,	君王只要出行,
不离其辎重;	不离繁华车辇;
唯有环官燕处,	独据馆阙寝宫,
则昭若。	却还昭然若揭。
若何,	为何,
万乘之王,	已是强大之王,
而以身轻于天下?	还轻浮于天下?
轻,则失本;	轻浮,会失去根本;
躁,则失君。	急躁,会失去把控。

第 70 段　物无弃财

【原文】 善行者无辙迹善言者无瑕谪善数者不以筹策善闭者无关楗而不可启也善结者无绳约而不可解也是以圣人恒善救人而无弃人物无弃财是谓袭明故善人善人之师不善人善人之资也不贵其师不爱其资虽知乎大迷是谓眇要

【诗文】

善行者,无辙迹;	善于行走者,不留痕迹;
善言者,无瑕谪;	善于言辩者,不显漏洞;
善数者,不以筹策。	善于计算者,不用器具。
善闭者,	巧妙上闩的门,
无关楗,	不动闩销,
而不可启也。	难以开启。
善结者,	巧妙系出的结,
无绳约,	不遵解说,
而不可解也。	难以解开。
是以,	所以,
圣人,	圣人,
恒善救人,	总善救人,
而无弃人。	而不弃人。

物无弃财,　　　　　　　　这样物无弃物,
是谓袭明。　　　　　　　　才是永远明智。

故,　　　　　　　　　　　故,
善人,善人之师;　　　　　　由善人,构成善人之队伍;
不善人,善人之资也。　　　　不善人,构成善人之资源。

不贵其师,　　　　　　　　不重视队伍,
不爱其资,　　　　　　　　不珍惜资源,
虽知乎,　　　　　　　　　虽知道不少,
大迷。　　　　　　　　　　但也很糊涂。

是谓,　　　　　　　　　　这才是,
眇要。　　　　　　　　　　最紧要处。

第71段　复归无极

【原文】　知其雄守其雌为天下溪为天下溪恒德不离恒德不离复归于婴儿知其荣守其辱为天下谷为天下谷恒德乃足恒德乃足复归于朴知其白守其黑为天下式为天下式恒德不贰恒德不贰复归于无极

【诗文】

知其雄，	已然心知雄刚，
守其雌，	仍然持守雌柔，
为天下溪；	成为天下溪水；
为天下溪，	成为天下溪水，
恒德不离；	永恒之得不离；
恒德不离，	永恒之得不离，
复归于婴儿。	复归厚得赤子。
知其荣，	已然心知荣光，
守其辱，	仍然承受羞辱，
为天下谷；	成为天下河谷；
为天下谷，	成为天下河谷，
恒德乃足；	永恒之得充足；

恒德乃足,　　　　　　　　永恒之得充足,
复归于朴。　　　　　　　　复归无华朴实。

知其白,　　　　　　　　　已然心知清白,
守其黑,　　　　　　　　　仍然承受曲解,
为天下式;　　　　　　　　成为天下楷式;

为天下式,　　　　　　　　成为天下楷式,
恒德不贰;　　　　　　　　永恒之得不过;

恒德不贰,　　　　　　　　永恒之得不过,
复归于无极。　　　　　　　复归无的极处。

第72段　去甚去大

【原文】 朴散则为器圣人用则为官长夫大制无割将欲取天下而为之吾见其弗得已夫天下神器也非可为者也为者败之执者失之物或行或随或炅或吹或强或䂳或陪或堕是以圣人去甚去大去奢以道佐人主

【诗文】

朴散，则为器；	原木剖裁，才可为器物；
圣人用则，为官长。	圣人用法，才可为君王。
夫大制，	只有公平法度，
无割。	才能不伤社稷。
将欲取天下，	要想治理天下，
而为$_4$ 之，	却又有己目的，
吾见其弗得已。	我看难以成功。
夫天下，	天下，
神器也，	是要敬奉的神器，
非可为$_4$ 者也。	不可作一己目的。
为$_4$ 者，败之；	作己目的，会败，
执者，失之。	执意持有，会失。

物，	民众，
或行,或随；	有人前行,有人后随；
或炅*,或吹；	有人积极,有人消极；
或强,或䂳；	有人发展,有人衰败；
或陪,或堕。	有人兴旺,有人没落。
是以，	所以，
圣人，	圣人，
去甚，	不过分，
去大，	不自大，
去奢。	不奢望。
以道，	只以道，
佐人主。	佐行君王之治。

---

* 一般的帛书《老子》中,该字可能为"嘘"。但据高明[2]所述,甲本为"炅",乙本为"热"。故从甲本。

第 73 段　果而不骄

【原文】 不以兵强于天下其事好还师之所居楚棘生之善者果而已矣毋以取强焉果而毋骄果而勿矜果而勿伐果而毋得已居是谓果而不强物壮而老谓之不道不道蚤已夫兵者不祥之器也物或恶之故有欲者弗居君子居则贵左用兵者贵右故兵者非君子之器也兵者不祥之器也不得已而用之

【诗文】

不以兵强于天下，	不以兵马逞强天下，
其事好还。	否则易遭报应。
师之所居，	兵马驻扎过的地方，
楚棘生之。	会有荆棘丛生。
善者，	最多，
果而已矣。	取胜而已，
毋以取强焉。	不能以此逞强。
果而毋骄，	胜而不骄横，
果而勿矜，	胜而不自负，
果而勿伐，	胜而不称功，
果而毋得已*居。	胜而不自居。

---

* 一般的帛书本《老子》中，该字可能为"已 yǐ"。但详察老子帛书原稿照片[6]，无论是甲本或乙本的照片，放大后可以看出，该字与同照片中的"已 yǐ"字的写法还是稍有区别，应判断为"己 jǐ"字。故从之。

是谓，　　　　　　　　　　这就是，
果而不强。　　　　　　　　胜而不逞强。

物壮而老，　　　　　　　　以强称大，
谓之不道。　　　　　　　　这不合道。
不道，　　　　　　　　　　不合道的，
蚤已。　　　　　　　　　　尽早遏止。

夫兵者，　　　　　　　　　兵马，
不祥之器也，　　　　　　　是不祥之器，
物或恶之。　　　　　　　　众人皆害怕。
故，　　　　　　　　　　　故，
有欲者，　　　　　　　　　有志者，
弗居。　　　　　　　　　　不轻易用兵。

君子居，则贵左。　　　　　君王用兵，只是作为辅助；
用兵者，贵右。　　　　　　虽用兵者，总是崇尚用兵。

故，　　　　　　　　　　　故，
兵者，非君子之器也；　　　兵马，非君王之器；
兵者，不祥之器也。　　　　兵马，是不祥之器。
不得已而用之。　　　　　　不得已才用兵。

第74段　战胜以丧

【原文】 铦袭为上勿美也若美之是乐杀人也夫乐杀人不可以得志于天下矣是以吉事上左丧事上右是以偏将军居左上将军居右言以丧礼居之也杀人众以悲哀立之战胜以丧礼处之

【诗文】

铦袭为上，勿美也；	犀利的袭击虽好，但别因此而得意；
若美之，是乐杀人也。	如果因此而得意，那就是喜好杀人。
夫乐杀人，	这喜好杀人，
不可以得志于天下矣。	将难以治理好天下。
是以，	所以，
吉事上左，	吉事在左以让，
丧事上右。	丧事在右为大。
是以，	所以，
偏将军居左，	偏将军在左，
上将军居右。	上将军在右。
言，	也就是说，

以丧礼居之也。　　　　　　　兵事与丧礼同等对待。

杀人众，以悲哀立之；　　　　杀人多，应以悲哀对待；
战胜，以丧礼处之。　　　　　战斗胜，应以丧礼处置。

第75段　小谷江海

【原文】 道恒无名朴虽小而天下弗敢臣侯王若能守之万物将自宾天地相合以俞甘露民莫之令而自均焉始制有名名亦既有夫亦将知止知止所以不殆俾道之在天下也猷小谷之与江海也

【诗文】

道，	道，
恒，	不变，
无名，	无貌，
朴。	淳朴。
虽小，	虽小，
而天下弗敢臣。	但天下不敢小觑。
侯王若能守之，	侯王如果能遵道，
万物将自宾。	万众将自然归顺。
天地相合，以俞甘露；	天地也相合，答以甘露；
民莫之令，而自均焉。	民众无强令，自然和谐。
始制有名，	起始造有形貌，
名亦既有夫！	形貌才会有啊！

亦将知止，　　　　　　　　也就是要知止，
知止所以不殆。　　　　　　知止才不懈怠。

俾道之在天下也，　　　　　助人之道遵行于天下，
猷小谷之与江海也。　　　　就像条条溪流汇江海。

第76段　死而不忘

【原文】　知人者知也自知明也胜人者有力也自胜者强也知足者富也强行者有志也不失其所者久也死而不忘者寿也

【诗文】

知人者,知也;　　　　　　　知人,是智;
自知,明也。　　　　　　　自知,是明。

胜人者,有力也;　　　　　　胜人,是力;
自胜者,强也。　　　　　　自胜,是强。

知足者,富也;　　　　　　　知足,是富;
强行者,有志也。　　　　　　勉力,是志。

不失其所者,久也;　　　　　不失领地,是久;
死而不忘者,寿也。　　　　　死而不忘,是寿。

第 77 段　不大成大

【原文】　道氾呵其可左右也成功遂事而弗名有也万物归焉而弗为主则恒无欲也可名于小万物归焉而弗为主可名于大是以圣人之能成大也以其不为大也故能成大

【诗文】

道，	道，
氾呵，	像江河回水，
其可左右也。	是主流之辅。
成功遂事，而弗名有也；	助事成功，不称有功；
万物归焉，而弗为主。	万民归顺，不为主宰。
则，	也就是，
恒无欲也，	总是无己欲，
可名于小；	先肯明于小；
万物归焉而弗为主，	万民归顺而不为主宰，
可名于大。	后能成于大。
是以，	所以，
圣人之能成大也，	圣人之能成大，
以其不为大也，	是因其不为大，
故能成大。	反而能成就大。

第 78 段　用之不尽

【原文】 执大象天下往往而不害安平大乐与饵过格止故道之出言也曰淡呵其无味也视之不足见也听之不足闻也用之不可既也

【诗文】

执大象，	持公平法度，
天下往，	行天下治理，
往而不害。	治理而不害。
安平大，	保和平安泰，
乐与饵，	重舒畅足食，
过格止。	废严苛律法。
故，	因此，
道之出言也曰，	以道说来，
淡呵其无味也，	平淡无奇，
视之不足见也，	视之无形，
听之不足闻也，	听之无声，
用之不可既也。	用之不尽。

第 79 段　欲夺故予

【原文】　将欲拾之必古张之将欲弱之必古强之将欲去之必古与之将欲夺之必古予之是谓微明柔弱胜强鱼不脱于渊邦利器不可以示人

【诗文】

将欲拾之,必古张之;	要收紧,必故意放松;
将欲弱之,必古强之;	要削弱,必故意增强;
将欲去之,必古与之;	要离去,必故意相与;
将欲夺之,必古予之。	要夺取,必故意给予。
是谓微明。	这就是精细。
柔弱,胜强;	示弱,胜于逞强;
鱼,不脱于渊;	兵卒,应要深藏;
邦利器,不可以示人。	兵马,不可用于治人。

第 80 段　天地自正

【原文】　道恒无名侯王若能守之万物将自化化而欲作吾将阗之以无名之朴阗之以无名之朴夫将不欲不欲以静天地将自正

【诗文】

道，	道，
恒，	不变，
无名。	无貌。
侯王若能守之，	侯王若能遵循道，
万物将自化。	万众将自行开化。
化而欲作，	自行开化则会跃跃兴起，
吾将阗之以无名之朴。	再让其充满无貌之淳朴。
阗之以无名之朴，	充满无貌之淳朴，
夫将不欲。	也就是要无己欲。
不欲，	坚持无己欲，
以静，	使天下平静，
天地将自正。	天下将自行归正。

（全篇对译完）

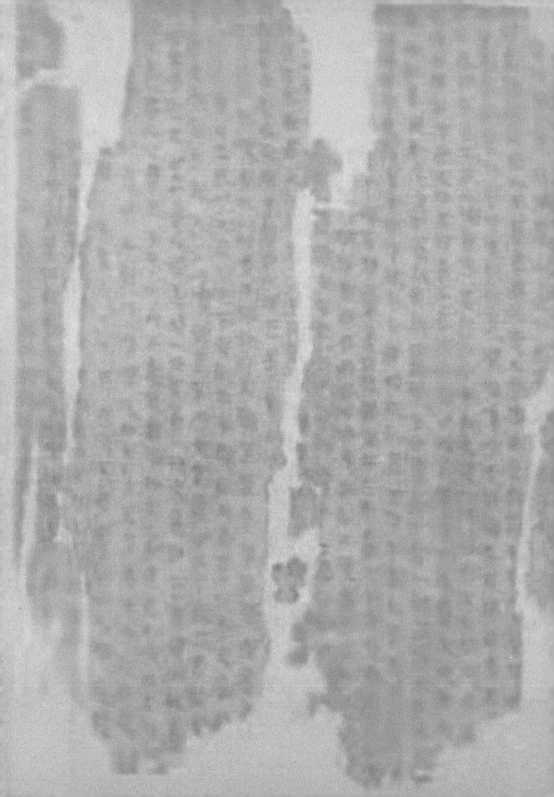

老子散文诗注

第1段　上得不得

上德，　　　　　　　　　　　　　　　　（上，高层次；德，通"得"）
不德，　　　　　　　　　　　　　　　　　　　　（德，同上）
是以有德；　　　　　　　　　　　　　　　　　　（德，同上）

下德，　　　　　　　　　　　　　　　（下，低层次；德，同上）
不失德，　　　　　　　　　　　　　　　　　　　（德，同上）
是以无德。　　　　　　　　　　　　　　　　　　（德，同上）

第 2 段　失道后德

上德，　　　　　　　　　　　　　　　　　　　　（上，通"尚"，崇尚）

无为₄，　　　　　　　　　　　（为₄，发音 wèi，一己目的；无为₄，无己目的）

而无以为₄也；　（以为₄，一己谋求；无以为₄，无己谋求；也，虚词，表示肯定）

上仁，　　　　　　　　　　　　　　　　　　　　　　　　（上，同上）

为₄之，　　　　　　　　　　　　　　　　（为₄，同上；为₄之，有己目的）

而无以为₄也；　　　　　　　　　（而，然而，但是；无以为₄，同上；也，同上）

上义，　　　　　　　　　　　　　　　　　　　　　　　　（上，同上）

为₄之，　　　　　　　　　　　　　　　　　　　　　　　（为₄之，同上）

而有以为₄也；　　　　　　　　　（为₄，同上；有以为₄，有己谋求；也，同上）

上礼，　　　　　　　　　　　　　　　　　　　　　　　　（上，同上）

为₄之，　　　　　　　　　　　　　　　　　　　　　　　（为₄之，同上）

而莫之应也，　　　　　　　　　　　　（莫，无也；应，对应；也，同上）

则攘臂而扔之。　　　　　　　　　　　　　　　　　　（攘 rǎng，推也）

故，

失道，而后德；　　　　　　　　　　　　　　　　　　　（德，德行也）

失德，而后仁；　　　　　　　　　　　　　　　　　　　（德，同上）

失仁，而后义；

失义,而后礼。

夫礼者, （夫,虚词,放句首以提示）
忠信之泊也, （泊,同"薄",浅薄;也,同上）
而乱之首也。 （首,头也;罪魁祸首;也,同上）

前识者, （识,认也;前识者,礼者）
道之华也, （华,虚华;也,同上）
而愚之首也。 （首,第一,最;也,同上）

是以,
大丈夫, （大丈夫,有志者）
居其厚,而不居其泊; （厚,淳厚;泊,同"薄",浅薄）
居其实,而不居其华。 （实,朴实;华,虚华）

故,
去彼, （彼,泊和华）
而取此。 （此,厚和实）

第 3 段　卑微若石

昔之得一者：　　　　　　　　　（一,数之始物之极；得一,得以起始,存在）
天得一,以清；　　　　　　　　（以,因也；清,清亮,晴朗）
地得一,以宁；　　　　　　　　　　　　　　　（宁,宁静）
神得一,以灵；　　　　　　　　　　　　　　　（灵,灵验）
谷得一,以盈。　　　　　　　　（谷,河谷；盈,丰盈）

侯王得一,
而以为天下正。　　　　　　　　（正,通"政",治理）

其致之也：　　　　　　　　（致,极致；也,虚词,表示未完）
谓天,毋已清,将恐裂；　　　　　　　　　　　（裂,开裂）
谓地,毋已宁,将恐发；　　　　　　　　　　　（发,发灾）
谓神,毋已灵,将恐歇；　　　　　　　　　　　（歇,歇绝）
谓谷,毋已盈,将恐竭。　　　　　　　　　　　（竭,枯竭）

谓侯王,
毋已贵以高,　　　　　　　　　（贵,珍贵；以,同"已"）
将恐蹶。　　　　　　　　　　　（蹶,失脚,蹶倒）

故,
必贵,而以贱为本；

必高矣,而以下为基夫。　　　　　　(矣,虚词,表示肯定;夫,虚词,表示感叹)

是以,
侯王自谓:
孤、寡、不穀。　　　　　　　　　(孤,孤家,帝王谦称,孤立;寡,寡人,帝王谦称,寂寞;
　　　　　　　　　　　　　　　　　穀,善也;善,佳也;不穀,帝王谦称,欠佳)
此其贱之本与?　　　　　　　　　(与,虚词,表示疑问)
非也!　　　　　　　　　　　　　(也,虚词,表示感叹)

故,
致数与,　　　　　　　　　　　　(致数,最大限度;与,给与)
无与。

是故,
不欲禄禄若玉,　　　　　　　　　(禄,福也;禄禄,高贵)
硌硌若石。　　　　　　　　　　　(硌lì,通"砾",小石也;硌硌,卑微)

第 4 段　善始善成

上士闻道，堇能行之；　　　　　　　　（上士，悟性高的人；堇，通"勤"）

中士闻道，若存若亡；　　　　　　　　（中士，悟性中的人；若存若亡，将信将疑）

下士闻道，大笑之。　　　　　　　　　　　（下士，悟性低的人）

弗笑，　　　　　　　　　　　　　　　　　（弗 fú，不之深者）

不足以为道。

是以，建言有之曰：（建，竖立也；建言，提出有益的意见；之，虚词，表示强调）

明道如费，　　　　　　　　　　　　　　　　（明，明白；费，费解）

进道如退，　　　　　　　　　　　　（进，进取，积极；退，退让，消极）

夷道如类。　　　　　　　　　　　　　　　（夷，易也；类，偏也）

上德，如谷；　　　　　（德，通"得"；上德，高层次的得；谷，穷也，空谷）

大白，如辱；　　　　　　　　　　　　　　（白，清白；辱，屈辱）

广德，如不足；　　　　　　　　　　（德，同上；广德，广泛的得）

建德，如偷；　　（建，立朝律也；德，同上；建德，正当的得；偷，苟且也）

质真，如渝。　　　　　　　（质，质朴；真，真诚；渝，改变）

大方，无隅；　　　　　　　　　　（大方，巨大的方形；隅，角也）

大器，免成；　　　　（免，免除；器，能也；成，盛也，盛气，骄气）

大音，希声；　　　　　　　　　（大音，宏大的声音；希，寡也）

天象,无刑。　　　　　　　　　　　　（天象,天大的形象;刑,通形）

道褒,　　　　　　　　　　　　　　　　　　（褒,凡大之称）
无名。　　　　　　　　　　　　（名,明也;无名,看不清真貌,无貌）

夫唯道,　　　　　　　　　　　　　　　　（夫,虚词,表示提示）
善始,　　　　　　　　　　　　　　　　　　　　（善,善于）
且善成。　　　　　　　　　　　　　　　　　　　（善,同上）

反也者,道之动也;　（反,反演;也,虚词,表示强调;者,虚词,指代事;动,作也;
　　　　　　　　　　　之,虚词,表示所属;也,虚词,表示肯定）
弱也者,道之用也。　　　　　　　　　　　　（弱,示弱;用,致用）

第 5 段　有生于无

天下之物,生于有;　　　　　　　(有,哲学概念,万物刚开始有的状态)
有,生于无。　　　　　　　　　　(无,哲学概念,万物还没有时的状态)

道,生一;　　　　　　　　　　　(生,自生,天生;一,第一)
一,生二;　　　　　　　　　　　(二,第二)
二,生三;　　　　　　　　　　　(三,第三)
三,生万物。

万物,
负阴而抱阳;　　　　　　　　　　(负,背负;抱,怀抱;阴,雌阴;阳,雄阳)
中气以为和。　　　　　　　　　　(中,内也;和,通"合")

第6段　损之而益

天下之所恶，　　　　　　　　　　　　　　　（恶 wù，厌恶）
唯：孤、寡、不穀，　　　　　　　　　　　（穀，善也；善，佳也）
而王公以自名也。　　　　　　　　　　　　（也，虚词，表示肯定）

物，
或损之而益，　　　　　　　　　　　　　　（损，折损；益，受益）
益之而损。
故人之所教，　　　　　　　　　　　　　　　　　　（故，旧也）
亦议而教人。　　　　　　　　　　　　　　（亦，又也；议，择也）

故，
强良者，　　　　　　　　　　　　　　　　（强，勉也；良，善也）
不得死。　　　　　　　　　　　　　　　　　　　　（死，心死）
我将以为学父。　　　　　　　　　　　　　　　（以为学父，领教）

第 7 段　至柔致坚

天下之至柔，　　　　　　　　　　　　　　（之，虚词，表示所属；至，极也）
驰骋于天下致坚，　　　　　　　　　　　　（驰骋，遍及；致，表现）
无有入于无间。　　　　　　　　　　　　　（有，有形；间，间隙）

吾是以知，
无为₄之有益也。　　（无为₄wèi，无己目的；之，同上；也，虚词，表示肯定）

不言之教，　　　　　　　　　　　　　　　　　　　　（之，同上）
无为₄之益，　　　　　　　　　　　　　　　　（无为₄，同上；之，同上）
天下希能及之矣。　（希，少也；及，达也；之，虚词，表示指代；矣，虚词，表示感叹）

第8段　知足不辱

名与身,孰亲？　　　　　（名,名声;身,自身,性命;孰,谁也;亲,爱也,亲爱）
身与货,孰多？　　　　　（身,身体;货,财物;孰,同上;多,犹"重",重要）
得与亡,孰病？　　　　　　　　（亡,失也;孰,同上;病,忧也）

甚爱,必大费；　　　　　　　　　（爱,吝啬;费,损也,耗也）
多藏,必厚亡。　　　　　　（藏,蓄也,得;厚,多也;亡,失也）

故,
知足不辱,
知止不殆。　　　　　　　　　　　　　（殆 dài,危也）
可以长久。

第 9 段　大成若缺

大成,若缺,其用不敝;　　　　　　　　　　　　（成,就也;缺,亏也;敝,败也）
大盈,若冲,其用不穷。　　　　　　　　　　　　（盈,满也;冲,虚也）

大直,如诎;　　　　　　　　　　　　　　　　　（诎 qū,曲也）
大巧,如拙;　　　　　　　　　　　　　　　　　（拙 zhuō,笨拙）
大赢,如绌。　　　　　　　　　　　　　　　　　（赢,盈余;绌 chù,不足）

躁,胜寒;　　　　　　　　　　　　　　　　　　（躁,动也）
靓,胜炅。　　　　　　　　　　　（靓 jìng,同"静",静止;炅 jiǒng,热）

请靓,　　　　　　　　　　　　（请,祈也;靓 jìng,同"静",平静,安定）
可以为天下正。　　　　　　　　　　　　　　　（正,长也,众官之长）

第10段　知足恒足

天下有道,却走马以粪;　　　（却,退也;走马,坐骑,战马;粪,运肥,干农活）
天下无道,戎马生于郊。（戎,兵也;戎马,战马;郊,城郊,古战场几乎都在城郊）

罪,莫大于可欲;　　　　　　　　　　　　（可,许可也;欲,私欲）
祸,莫大于不知足;
咎,莫憯于欲得。　　　　　　　（咎,灾也;憯cǎn,同"惨";欲,爱也）

故,
知足之足,
恒足矣。　　　　　　　　　　　（恒,久也;矣,虚词,表示感叹）

第11段　不见而明

不出于户，以知天下； （知,觉也,悟也）
不规于牖，以知天道； （规,通"窥"；牖 yǒu,窗户；知,同上；天道,天生之道）

其出也弥远， （其,虚词,表示指代；也,虚词,表示未完；弥 mí,越发）
其知弥少。 （其,同上；弥,同上）

是以，
圣人，
不行而知，
不见而名。 （名,明也）

弗为$_4$， （弗 fú,不之深者；弗为$_4$ wèi,无己目的）
而成。 （成,成事）

第 12 段　为道日损

为学者，日益。　　　　　　　　　　（学，礼学；者，虚词，表示指代；益，增也）
为道者，日损。　　　　　　　　　　　　　　　　　　　　（损，减也）

损之有损，　　　　　　　　　　　　　　　　　　　　（有，通"又"）
以至于无为$_4$。　　　　　　　　　　（无为$_4$ wèi，无已目的）

无为$_4$，　　　　　　　　　　　　　　　　　　　（无为$_4$，同上）
而无不为也。　　　　　　　（而，通"能"，才能；也，虚词，表示肯定）

圣人之取天下也，　（之，虚词，表示所属；取，克敌不用兵；也，虚词，表示未完）
恒无事。　　　　　　　　　　　　　　（恒，常也；无事，和平）

及其有事也，　　　（及，等到；其，虚词，表示指代；有事，天下起事）
又不足以取天下矣。　　　　　（取，同上；亦，虚词，放句尾作感叹）

第 13 段　百姓之心

圣人恒无心，　　　　　　　　　　　　　　（恒，常也；心，利己之心）
以百姓之心为心。　　　　　　　　　　　　（之，虚词，表示所属）

善者，善之；　　（善，心善，善于；者，虚词，表示指代；善，善待；之，虚词，表示指代）
不善者，亦善之；
德善也。　　　　　　　　　（德，通"得"；善，善待；也，虚词，表示肯定）

信者，信之；　　　　　　　　　　　　　　　　　（信，诚信）
不信者，亦信之；
德信也。　　　　　　　　　　　　　（德，通"得"；信，信任）

圣人之在，　　　　　　　　　　　　　（之，虚词，表示所属）
天下欱欱焉，　　　　（欱 hē，合也；合，和谐；焉，虚词，表示陈述）
为₄天下浑心，　　　　　　　　　　　　　　　（浑，淳朴）

百姓皆属耳目焉，　　（属 zhù，注也；属耳目，注耳目，遵从；焉，同上）
圣人皆孩之。　　　　（孩，象对待孩儿一样对待；之，虚词，表示指代）

第14段 其无死地

出生入死,　　　　　　　　　　　　　　　（生,生存,活着）
生之徒十有三,　　　　（生,活着;之,虚词,表示所属;徒,步卒也,士兵）
死之徒十有三。

而民生生,　　　　　　（民,泛指人,新兵;生,生疏;生,求生,自保）
动,　　　　　　　　　　　　　　　　　　（动,动辄）
皆之死地之,　　　（皆,同"全";之,虚词,表示强调;之,虚词,表示指代）
十有三。
夫何故也?　　　　　　　（夫,虚词,表示提示;也虚词,表示疑问）
以其生生也。（其,虚词,表示指代;生,生疏;生,求生,自保;也,虚词,表示肯定）

盖闻,　　　　　　　　　　　　　　　　（盖,虚词,表示大概）
善执生者,　　　　　　　　　　　（执,持也;生,求生,自保）
陵行不避兕虎,　　　　　　　　　　（陵,山陵;兕 sì,雌犀牛）
入军不被甲兵。　　（被,穿戴;甲,铠甲;兵,兵刃;被甲兵,被甲执兵）

兕,无所揣其角,　　　（揣 duǒ,剟 duō 也,刺也;其,虚词,表示指代）
虎,无所措其蚤,　　　　　　（措,投也;蚤 zǎo,通"爪 zhuǎ"）
兵,无所容其刃。　　　　　　（兵,兵士;容,通"用";刃,兵刃）

夫何故?　　　　　　　　　　　　　（夫,虚词,表示提示）
以其无死地焉。　　　　　　（其,同上;焉,虚词,表示感叹）

第 15 段　为而弗恃

道生之,而德畜之;　　　　　　　　（生,天生,天成;之,虚词,表示强调;

德,通"得";畜 xù,通"蓄";之,同上）

物刑之,而器成之。　　　　　　　　　　　　　（刑,通"形"）

是以,

万物尊道而贵德。　　　　　　（尊,同"遵";贵,重视;德,通"得"）

道之尊,　　　　　　　　　　（之,虚词,表示所属;尊,同上）

德之贵,　　　　　　　　　　　　　　（德,同上;贵,同上）

夫莫之爵,　　（夫,虚词,表示提示;莫,非也;之,虚词,表示强调;爵,封也）

而恒自然也。　　　（恒,常也;自然,自然而然;也,虚词,表示肯定）

道生之。　　　　　　　　　　（生,产生;之,虚词,表示指代）

畜之,长之;　　　　　　　　　　　　　　　（畜,通"蓄"）

遂之,亭之;　　　（遂,达也,成也;育,养也,养育;亭,养其形,培育;

亭亭,耸立貌）

毒之,养之;　　　　　　　　（毒,治也,育其质;养,养性）

复之。　　　　　　　　　　　　　　　　　　　　（复，循环往复）

生，而弗有也；　　（生，产生；弗 fú，不之深者；有，占有也，虚词，表示肯定）

为，而弗恃也；　　　　　　　　　（为，治也，作为；恃，仗也，恃强）

长，而弗宰也。　　　　　　　　　　　　　（长，助长；宰，主宰）

此之谓，　　　　　　　　　　　　　　　　　（之，虚词，表示指代）

玄德。　　　　　　　　　　　　　　（玄，深也，厚也；德，通"得"）

第 16 段　用光复明

天下有始，　　　　（天下，天下万物；有，哲学概念，万物刚开始有时的状态；
　　　　　　　　　　　　　　　　　　　　　　　　　　始，初也）
以为天下母。　　　　　　　　　　　　　　　　　　（以，用也）

既得其母，　　　　　　　　　　（既，已也；其，虚词，指代万物）
以知其子；　　　　　　　　　　（以，同上；其，虚词，指代母）
既知其子，
复守其母。　　　　　　　　　　　　（复守，反复记住，牢记）
没身不殆。　　　　　　　　　　（没 mò，终也；殆，危也）

塞其兑，　　　　　　　　　　（塞 sè，堵塞；其，虚词，表示指代；
　　　　　　　　　　兑 ruì，通"锐"，口锐，"口锐者，多诞寡信"）
闭其门，　　　　　　　　　　　　（闭其门，将其拒之门外）
终身不堇。　　　　　　　　　　（堇 jǐn，塗也；塗，通"涂"，糊涂）

启其兑，　　　　　　　　（兑 duì，直也，口直；启其兑，听取不讳直言）
济其事，　　　　　　　　　　　　　　（济，助也；事，天下事）
终身不棘。　　　　　　　（棘 jí，木之难长养者；办事艰难，棘手）

见小，曰明；　　　　　　　　　　　（见，现也；小，物之微也）
守柔，曰强。　　　　　　　　　　　　　　　　　　（守，保持）

用其光,　　　　　　　　　　（其,虚词,表示指代;光,事物的表象）
复归其明,　　　　　　　　　　　（复,返也;明,事物的本质）
毋遗身殃,　　　　　（毋,通"无";遗,留也;身,自身;殃,祸也）
是谓袭常。　　　　　　　　　　　　（袭,沿袭;常,久也）

第 17 段　盗夸非道

使我介有知，　　　　　　　　　　　（使，假使，如果；介，特也；知 zhì，智也）
也行于大道，　　　　　　　　　　　（行，实行，推行；大道，道褒无名，第 5 段）
唯施是畏。　　　　　　　　　　　　（施，旗之逶迤；畏，恐惧）

大道甚夷，　　　　　　　　　　　　　　　　　（夷，易也）
民甚好解。　　　　　　　　　　　　（民，一般人；好 hào，喜好）

朝甚除，　　　　　　　　　　（朝，朝廷；除，除旧官封新官，拜官）
田甚芜，　　　　　　　　　　　　　　　　　（芜，荒芜）
仓甚虚。　　　　　　　　　　　　　（仓，粮仓；虚，空虚）

服文采，　　　　　　　　　　（服，穿着；文，通"纹"；采，同"彩"）
带利剑，　　　　　　　　　　　　　　　　（带，佩戴）
猒食而货财有余。　　　　　　　（猒 yàn，通"餍 yàn"，饱也）

是谓盗夸，　　　　　　　　　　　　（盗，暗中；夸，夸耀）
盗夸非道也。　　　　　　　　　　　（也，虚词，表示肯定）

第18段 以家观家

善建者,不拨;　　　　　　　　　　（建,通"楗";楗,竖插在门闩上的木棍）
善抱者,不脱。　　　　　　　　　　（抱,摔跤搂抱;脱,挣脱）
子孙以祭祀不绝。　　　　　　　　　（祭祀,继承）

修之身,其德乃真;（修,修养;之,虚词,表示指代;德,通"得";乃,就是;真,实也）
修之家,其德有余;　　　　　　　　（修,治也;德,同上;馀,同"余"）
修之乡,其德乃长;　　　　　　　　（德,同上;长,久也）
修之国,其德乃夆。　　　　　　　　（德,同上;夆 páng,厚也）

修之天下,
其德乃博。　　　　　　　　　　　　（德,同上;博,博大）

以身观身,　　　　　　　　　　　　（身,一身;身,众身）
以家观家,　　　　　　　　　　　　（家,一家;家,众家）
以乡观乡,　　　　　　　　　　　　（乡,一乡;乡,众乡）
以邦观邦。　　　　　　　　　　　　（邦,一国;邦,众国）

以天下,
观天下。

吾何以知天下之然哉?　　　　　　（之,虚词,表示所属;然,必然,道理,
　　　　　　　　　　　　　　　　　　哉,虚词,表示疑问）
以此。

第19段　物老不道

含德之厚者，　　　　　　　　　　　　　　（德，通"得"；之，虚词，表示修饰）
比于赤子。　　　　　　　　　　　　　　　　　　　　　　　（赤子，婴孩）

蜂虿虺蛇弗螫，　　　（虿 chài，蝎虫；蜂虿，毒蜂；虺 huì，毒蛇；虺蛇，毒蛇；
　　　　　　　　　　　弗 fú，不之深者；螫 zhē，虫行毒）
攫鸟猛兽弗搏。　　　　　　　　　　　　　　　　　　　（攫 jué，抓取）

骨弱筋柔而握固。　　　　　　　　　　　　　　　　（握固，抓紧不松）

未知牝牡之会而朘怒，　　　　　　　　　　（牝 pìn，雌性；牡 mǔ，雄性；
　　　　　　　　　　　　　　　　　　　朘 zuī，男孩之把；怒，奋也）
精之至也。　　　　　　　　　　　　（至，达也；也，虚词，表示肯定）

终日号而不嚘，　　　　　　　　　　　　　　　（号，哭也；嚘 yōu，气逆）
和之至也。　　　　　　　　　　　　　　　　　　　　　　　（和，顺也）

和，曰常；　　　　　　　　　　　　　　　　　（常，规律，天行有常）
知和，曰明；

益生，曰祥；　　　　　　　　　　　　　　　（益，利也；生，生息繁衍）
心使气，曰强。　　　　　　　　　　　　　　　　　　　　　（使，役也）

物壮即老，　　　　　　　　　　　（物，人物；壮，强壮；老，衰老）
谓之不道。　　　　　　　　　　（之，虚词，表示指代；不道，不合道）

不道，
早已。　　　　　　　　　　　　　　　　　　　　　　　（已，止也）

第20段　和光同尘

知者弗言，　　　　　（知 zhì,通"智"；者,虚词,指代人；弗 fú,不之深者）
言者弗知。　　　　　　　　　　　　　　　　　　（知,识也）

塞其兑，　（兑 ruì,作"锐",口锐,"口锐者,多诞寡信"；其,虚词,表示指代）
闭其门；

和其光，　　　　　　　　　　　　　　（光,闪光的上层人物）
同其尘；　　　　　　　　　　　　　　（尘,平凡的下层人物）

挫其锐，　　　　　　　　　　　　　　　　（锐,芒也,尖锐）
解其纷。　　　　　　　　　　　　　　　　　　　（纷,纷争）

是谓，
玄同。　　　　　　　　　　　　　　　　　　　　（玄,深厚）

故，
不可得而亲,亦不可得而疏；　　　　　　　　　　（得,得失）
不可得而利,亦不可得而害；
不可得而贵,亦不可得而贱。　　　　　　　　　　（贵,尊贵）
故为天下贵。　　　　　　　　　　　　　　　　　（贵,尊重）

第 21 段　无事自富

以正治邦，　　　　　　　　　　　　　　　（正，正大光明；邦，国也）
以奇用兵，　　　　　　　　　　　　　　　（奇，出奇制胜）

以无事取天下。　　　　　　　　　　　　　（无事，天下无事）
吾何以知其然也哉？　　　　　　　　　　　（然，必然，道理；哉，虚词，疑问）

夫，　　　　　　　　　　　　　　　　　　（夫，虚词，表示提示）
天下多忌讳，而民弥贫；　　　　　　　　　（弥，更加）
民多利器，而邦家滋昏；　　　　　　（利器，盈利手段；邦，国也；昏，乱也）
人多知，而奇物滋起；　　　　　（知，智也；智，计谋，狡诈；奇物，怪事）
法物滋彰，而盗贼多有。　　　　　　　　　（法物，法条）

是以，
圣人之言曰：
我无为$_4$也，而民自化；　（无为$_4$ wèi，无己目的；也，虚词，表示未完；化，开化）
我好静，而民自正；　　　　　　　　　　　（静，天下之静）
我无事，而民自富；　　　　　　　　　　　（无事，天下无事）
我欲不欲，而民自朴。　　　　　　　（欲，期愿；欲，贪欲；朴，淳朴）

第22段　祸福相倚

其正闵闵，其民屯屯；　　　　　　　　（正，通"政"；闵 mǐn，昏昧；屯 zhūn，难也）
其正察察，其邦缺缺。　　　　　　　　（察，苛察；邦，国也；缺，缺人）

祸，福之所倚；
福，祸之所伏。
孰知其极？　　　　　　　　　　　　　（孰，谁也；极，尽头）
其无正也。　　　　　　　　　　　　　（正，真正；也，虚词，表示肯定）

正复为奇，　　　　　　　　　　　　　（正，直也；奇，异也）
善复为妖。　　　　　　　　　　　　　（妖，孽也，邪恶）
人之迷也！　　　　　　　　　　　　　（也，虚词，表示感叹）
其曰固久矣。　　　　　　　　　　　　（其，虚词，表示指代；矣，虚词，表示已然）

是以，
方而不割，　　　　　　　　　　　　　（方，品行方正；割，刺伤）
兼而不刺，　　　　　　　　　　　　　（兼，兼容并蓄；刺，采取也，刺取）
直而不绁，　　　　　　　　　（直，正直；绁 xiè，系也，系牛马曰绁，束缚）
光而不眺。　　　　　　　　　　　　　（光，光明；眺，通"耀"，耀眼）

第23段　治人唯啬

治人事天，　　　　　　　　　　　　（人，百姓；事，奉也；天，天下）
莫若啬。　　　　　　　　　　　　　　　　　　　（啬 sè，吝惜）

夫唯啬，　　　　　　　　　　　（夫，虚词，表示提示；啬，同上）
是以蚤服。　　　　　　　　　　（蚤 zǎo，通"早"；服，归顺）

蚤服，　　　　　　　　　　　　　　　（蚤，同上；服，同上）
是谓重积德。　　　　　　　　　　　（重，多也；德，通"得"）

重积德，　　　　　　　　　　　　　　（重，同上；德，同上）
则无不克。　　　　　　　　　　　　　　　　　　（克，胜也）

无不克，
则莫知其极。　　　　　　　　　　　　　　　　　（极，尽也）

莫知其极，
可以有国。　　　　　　　　　　（有，取也；取国，治好国）

有国之母, (有,同上;母,本也)
可以长久。

是谓深根固氐, (根,须根;氐 dǐ,柢也,直根)
长生久视之道也。 (生,安生;视,视事,治理;也,虚词,表示肯定)

第24段　两不相伤

治大国若烹小鲜，　　　　　　　　　　　　　　　　　（鲜，生鱼也）
以道立天下，　　　　　　　（立，林也，"如林木森然，各驻其所也"，治理）
其鬼不神。　　（其，虚词，表示指代；鬼，离奇；不，助词，加强语气；神，神奇）
非其鬼不神也，　　　　　　　　　　　（非，不是也；也，虚词，表示未完）
其神不伤人也；　　　　　　　（神，同上；不，否定；也，虚词，表示肯定）

非其神不伤人也，
圣人亦弗伤也。

夫两不相伤，　　　　　　　　　　　（夫，虚词，表示提示；两，圣人与百姓）
故德交归焉。　　　　　　　　　　（德，通"得"；焉，虚词，表示状态）

第 25 段　大者宜下

大邦者，　　　　　　　　　　　　　　　　（邦，国也；者，虚词，表示强调）
下流也，　　　　　　　　　　　　　　　　（下流，下游；也，虚词，表示肯定）
天下之牝也，　　　　　　　　　　　　　　（牝 pìn，雌）
天下之交也。　　　　　　　　　　　　　　（交，交汇）

牝，　　　　　　　　　　　　　　　　　　（牝，同上）
恒以靓胜牡。　　（靓 jìng，通"静"；牡 mǔ，雄，"飞曰雌雄，走曰牝牡"）

为其靓也，　　　　　　　　　（其，虚词，表示指代；靓，同上；也，同上）
故宜为下。　　　　　　　　　　　　　　　（为下，居下）

故，
大邦以下小邦，则取小邦；　　　　　　　　（以下，居下于；取，得到）
小邦以下大邦，则取于大邦。　　　　　　　（取，同上；于，对于，向）

故，
或下以取，　　　　　　　　　　　　　　　（以取，以得到）
或下而取。　　　　　　　　　　　　　　　（而取，而依附）

故，

大邦者,不过欲兼畜人;　　　　　　　　　　（兼畜,得到;人,别人,别国）
小邦者,不过欲入事人。　　　　　　　　　　（入事,依附）
夫皆得其欲。　　　　　　　　　　　　　　　（夫,虚词,表示提示）

则,
大者,　　　　　　　　　　　　　　　　　　（大,做大事）
宜为下。

第 26 段　万物之注

道者，　　　　　　　　　　　　　　　　　　　（者，虚词，表示强调）
万物之注也，　　　　　　（注，灌也；之，虚词，表示所属；也，虚词，表示肯定）
善人之宝也，
不善人之所保也。　　　　　　　　　　　　（所，在动词前表示被动）

美言可以市，　　　　　　　　　　　　　　　（美，献媚；市，买卖）
尊行可以贺人，　　　　　　　　　　　　　　（尊，奉承；行，行为）
人之不善何弃之有？　　　　（之，同上；之，虚词，表示指代；有，表示疑问）

故，
立天子，　　　　　　　　　　　　　　　　　　　　　（立，即位）
置三卿，　　　　　　　　（置，设也；三卿，掌民事的司徒，掌军政的司马，
　　　　　　　　　　　　　　　　　　　掌营造的司空，周制重臣）
虽有共之璧以先四马，　　　（共之璧，拱璧，一怀抱大的璧；四马，驷马，
　　　　　　　　　　　　　　　　　　　一辕的四马，显贵专属）
不若坐而进此。　　　　　　（若，如也；坐，现成的；此，上述不善言行）

古之所以贵此者，　　　　　　　　　　　（古，久也；此，同上；贵，看重）
何也？　　　　　　　　　　　　　　　　　　　　（也，虚词，表示疑问）
不谓求以得，
有罪以免与？　　　　　　　　　　　　　　　　　（与，虚词，表示疑问）
故为天下贵。　　　　　　　　　　　　　（天下，天下有些人；贵，同上）

第 27 段　图难从易

为,无为$_4$;　　　　　　　　　　　　　　（为,作为;无为$_4$ wèi,无已目的）

事,无事;　　　　　　　　　　　　　　（事,成事;无事,天下无事）

味,无味。　　　　　　　　　　　　　　（味,尝试;无味,平淡）

大,小;　　　　　　　　　　　　　　　（大,大事;小,化小）

多,少;　　　　　　　　　　　　　　　（多,头绪多,复杂事;少,化少,化简）

报怨,以德。　　　　　　　　　　　　（怨,恨也;德,通"得"）

图难乎,其易也;　　　　　　　　　　（乎,虚词,表示感叹;其,虚词,表示指代;

　　　　　　　　　　　　　　　　　　　也,虚词,表示肯定）

为大乎,其细也。

天下之难,作于易;　　　　　　　　　（之,虚词,表示所属）

天下之大,作于细。

是以,

圣人终不为大,

故能成其大夫!　　　　　　　　　　　（故,同"顾",反而;其,虚词,表示指代;

　　　　　　　　　　　　　　　　　　　夫,虚词,表示感叹）

轻诺,必寡信, 　　　　　　　　　(诺,许诺;寡,少也;信,信用)
多易,必多难。

是以,
圣人猷难之。　　　　　　　(猷,谋也;谋,虑难曰谋;之,虚词,表示指代)
故终于无难。

第28段 治其未乱

其安也,易持也;　　　　　　(其,虚词,表示指代;安,安定;也,虚词,表示未完;
　　　　　　　　　　　　　　　　　　　　持,维持;也,虚词,表示肯定)
其未兆也,易谋也。　　　　　　　　　　　　(兆,预兆;谋,谋划)

其脆,易判;　　　　　　　　　　　　(脆,脆弱;判,散也,破碎)
其微,易散。　　　　　　　　　　　　(微,细也;散,风以散之)

为之乎,其未有;　　　(为,作为;之,虚词,表示强调;乎,虚词,表示感叹)
治之乎,其未乱。

合抱之木,作于毫末;
九成之台,作于蔂土;　　　　　　　(成,重 chóng 也;蔂 lěi,土筐)
百仞之高,始于足下。　　　　(仞 rèn,高度单位,周尺八尺,中人身高,
　　　　　　　　　　　　　　　　　　　　周尺约合23厘米)

为$_4$之者,败之;　　　　(为$_4$ wèi 之,有己目的;之,虚词,表示强调)
执者,失之。　　　　　　　　　　　　　　　　　(执,持也)

是以,
圣人,
无为$_4$也,故无败也;　　(无为$_4$ wèi,无己目的;也,虚词,表示未完;
　　　　　　　　　　　　　　　　　　　　也,虚词,表示肯定)
无执也,故无失也。

第 29 段　慎终若始

民之从事也，　　　　　　（民，一般人；之，虚词，表示强调；也，虚词，表示未完）
恒于其成事，　　　　　　　　　　　（恒，总是；其，虚词，表示指代）
而败之。　　　　　　　　　　　　　　　　　（之，虚词，表示强调）

故，
慎终若始，　　　　　　　　　　　　　　　　　　　　（慎，谨慎）
则无败事矣。　　　　　　　　　　　　　　（矣，虚词，表示肯定）

是以，
圣人，
欲，不欲，而不贵难得之货；　　（欲，欲望；欲，己欲；贵，看重；难得，稀罕）
学，不学，而复众人之所过。　　　（学，识也；学，模仿；复，还也）

能辅万物之自然，　　　　　（之，于也，引出对动词"辅"的修饰）
而弗敢为$_4$。　　　　　　　（弗，不之深者；为$_4$ wei4，有己目的）

故曰：
为道者，　　　　　　　　　　　　（为，作为；者，虚词，表示指代）
非以明民也，　　　　　　（明，精明；民，待民；也，虚词，表示未完）
将以愚之也。　　　（愚，敦厚；之，虚词，表示指代；也，虚词，表示肯定）

第30段　不智治邦

民之难治也，　　　　　　（民,百姓；之,虚词,表示强调；也,虚词,表示未完）
以其知也。　　　　　　　（其,其上；知 zhì,同"智",精明；也,虚词,表示肯定）

故,
以知知邦,邦之贼也；　　（知 zhì,同"智",精明；知 zhì,治也；贼,盗也,失盗；
　　　　　　　　　　　　　　　　　　　　　　　也,虚词,表示肯定）
以不知知邦,邦之德也。　　　　　　　　　　　（德,通"得"）

恒知此两者，　　　　　　　　　　（知 zhì,觉也；恒知,牢记）
亦稽式也。　　　　　（稽 jī,治也；式,模式；也,虚词,表示肯定）

恒知稽式。
此谓玄德。　　　　　　　　　（玄,深也,厚也；德,通"得"）

玄德，
深矣远矣，　　　　　　　　　　　　（矣,虚词,表示感叹）
与物反矣，　　　　　　　　　　（物,财物；反,不同）
乃至大顺。　　　　　　　（乃,于是；至,达也；顺,归顺）

第 31 段　莫能与争

江海，　　　　　　　　　　　　　　　　　　（江海，大江大海）

之所以能为百谷王者，　　　　　　　（之，虚词，表示指代；谷，通"川"；

　　　　　　　　　　　　　　　　　　者，虚词，表示强调）

以其善下之也。　　　　　　（其，虚词，表示指代；之，虚词，表示强调；

　　　　　　　　　　　　　　　　　　也，虚词，表示肯定）

是以能为百谷王。

是以，

圣人

之欲上民也，必以其言下之；　　　　（之，虚词，表示指代；欲，期愿；

　　　　　　也，虚词，表示未完；其，虚词，表示指代；之，虚词，表示强调）

其欲先民也，必以其身后之。

故，

居前，而民弗害也；（民，民心；弗，不之深者；害，伤害；也，虚词，表示肯定）

居上，而民弗重也。　　　（民，同上。弗 fú，同上；重，重压；也，同上压）

天下乐推，　　　　　　　　　　　　　　　　　（推，推崇）

而弗猒也。　　　　　　　　　　　　（弗，同上；猒 yàn，通"厌"）

非以其无诤与？　　　　　　　　（其，虚词，表示指代；诤 zhèng，通"争"；

　　　　　　　　　　　　　　　　　　　与，虚词，表示疑问）

故，

天下莫能与诤。　　　　　　　　（莫，不可也；与，相与；诤，同上）

第 32 段　小邦寡民

小邦，　　　　　　　　　　　　　　　　　　　　　　　　　（邦，国也）
寡民。　　　　　　　　　　　　　　　　　　　　　　　　　（寡，少也）

使什佰人之器毋用，　　　　　　（什 shí,十人队；佰,百人队；什佰人,军人）
使民重死，　　　　　　　　　　　　　　　　　　　　（重死,不轻死）
而远徙。　　　　　　　　　　　　　　　　　　　（远,远离；徙,迁也）

有车舟,无所乘之；　　　　　　　（车舟,战车战船；之,虚词,表示强调）
有甲兵,无所陈之。　　　　　　　　　　　　（甲兵,武装军队；陈,陈兵）

使民复结绳而用之，　　　　　　　（民,百姓；复,还也；结绳,结绳记事）
甘其食，　　　　　　　　　　　　　　　　（甘,乐也；其,虚词,表示指代）
美其服，　　　　　　　　　　　　　　　　　　　　　　　　（美,美于）
乐其俗，
安其居。

邻邦相望,鸡犬之声相闻；　　　　　　　　　　　　　　　　（邦,国也）
民至老死,不相往来。　　　　　　（民,百姓；至,达也；往来,逃难）

第33段　为而不争

信言不美,美言不信;　　　　　　　　　　　　　（信,可信）
知者不博,博者不知;　　　　　　（知,深知;者,虚词,表示指代;博,博知）
善者不多,多者不善。　　　　　　　　　　（多,多占;者,同上）

圣人无积。　　　　　　　　　　　　　　　　　　（积,积财）
既以为人,已俞有;　　　　　　　　（既,尽也;俞,通"愈",更加）
既以予人矣,已俞多。　　　　　　（予,给予;矣,虚词,表示已然）

故,
天之道,利而不害;　　　　（天,天成;之,虚词,表示修饰;利,利万物）
人之道,为而弗争。　　（人,圣人;之,适也;为,作为;弗fú,不之深者）

第 34 段　善战不怒

天下皆谓我大，　　　　　　　　　　　　（天下，天下各国；谓，事有可称）
大而不宵。　　　　　　　　　　　　　　（宵，小也）
夫唯不宵，　　　　　　　　　　　　　　（夫，虚词，表示提示；宵，同上）
故能大。
若宵久矣，　　　　　　　　　　　　　　（宵，同上；矣，虚词，表示已然）
其细也夫！　　　　　　（其虚词，表示指代；细，细致；也，虚词，表示肯定；
　　　　　　　　　　　　　　　　　　　　　　夫，虚词，表示感叹）

我恒有三葆，　　　　　　　　　　　　　（恒，久也；葆，藏 cáng 也）
持而宝之。　　　　　　　　　　　　　　（之，虚词，表示强调）
一曰慈，　　　　　　　　　　　　　　　（慈，慈爱）
二曰检，　　　　　　　　　　　　　　　（检，法度，守法度）
三曰不敢为天下先。

夫，　　　　　　　　　　　　　　　　　（夫，虚词，表示提示）
慈，故能勇；　　　　　　　　　　　　　（勇，勇敢）
检，故能广；　　　　　　　　　　　　　（广，志广）
不敢为天下先，故能为成事长。　　　　　（长，滋长）

今，　　　　　　　　　　　　　　　　　（今，如果）
舍其慈且勇，

舍其检且广,
舍其后且先,
则必死矣。　　　　　　　　　　　　（矣,虚词,表示感叹）

夫慈,　　　　　　　　　　　　　　　（夫,同上）
以战则胜,
以守则固。

天将建之女,　　　　（建,树立;之,於也;於,于也;女,通"汝";汝,通"你"）
以慈垣之。　　　　　　　　（垣 yuán,援也;之,虚词,表示指代）

故,
善为士者,不武;　　　　　　　　　　（士,武士;武,动武）
善战者,不怒;
善胜敌者,弗与;　　　　　　　　　　（与,相与,交锋）
善用人者,为之下。　　　　　　　　　（之,虚词,表示指代）

是谓不诤之德,　　　　　　　　　　　（诤,通"争";德,通"得"）
是谓用人,
是谓肥天,　　　　　　　　　　　　　（肥,有益;天,天下）
古之极也。　　　（古,自古;之,虚词,表示修饰;也,虚词,表示肯定）

第35段　哀者甚矣

用兵有言曰：　　　　　　　　　　　　　　　　　（用兵，用兵者）
吾不敢为主而为客，　　　　　　　　　　　　　　（吾，我也）
吾不进寸而退尺。

是谓：
行，无行；　　　　　　　　　　（行 xíng，行进；行 háng，行列，队伍）
攘，无臂；　　　　　　　　　　　　　　　　　　（攘，推也）
执，无兵。　　　　　　　　　　　　　　　（执，执权；兵，军队）
乃无敌矣。　　　　　　　　　　（乃，虚词，然而；矣，虚词，表示肯定）

祸，莫大于无敌；
无敌，近亡吾葆矣。　　（亡，破坏；葆，第34段的"三葆"；矣，虚词，表示哀叹）

故，
称兵相若，　　　　　　　　　　　　　　（称，举也；若，如也，如同）
则哀者胜矣。　　　　　　　　　　　　　　　　　（哀，悲哀，悲愤）

第 36 段　被褐怀玉

吾言，
甚易知也，　　　　　　　　　　　　　　　　　（也，虚词，表示肯定）
甚易行也。

而人，　　　　　　　　　　　　　　　　　　（而，但是；人，世人）
莫之能知也，　　（莫，无也；之，虚词，表示指代；也，虚词，表示感叹）
而莫之能行也。　　　　　　　　　　　　　　　　（而，而且）

言有君，　　　　　　　　　　　　　　　　　　　　（君，思想）
事有宗，　　　　　　　　　　　　　　　　　　　　（宗，宗旨）
其唯无知也，　　（其，虚词，表示指代；也，虚词，表示未完）
是以不我知。　　　　　　　　　　　　　　（不我知，不知我）

知者希，　　　　　　　　　　　　　　　　　　　（希，少也）
则我贵矣。　　　　　　　　　　（贵，重要；矣，虚词，表示肯定）

是以，
圣人，
被褐，　　　　　　　　　　（被，表也；褐，褐色，褐色的石头）
而怀玉。　　　　　　　　　　　　　　　　　　　（怀，藏也）

第 37 段　将病作病

知不知,尚矣;　　　　　(知,动词;知,名词;尚,上也;矣,虚词,表示肯定)
不知不知,病矣。

是以,
圣人之不病,
以其病病也,(其,虚词,表示指代;病,动词;病,名词;也,虚词,表示肯定)
是以不病。

第 38 段　自知自爱

民之不畏畏，　　　　　　　　　　　　　　　　（畏，动词；畏，名词）
则大畏将至矣。

毋闸其所居，　　　　　　　　（毋，通"无"；闸，关闭；其，虚词，表示指代）
毋猒其所生。　　　　　　　　　　　　　　　　　（猒 yā，通"压"）
夫唯弗猒，　　　　　　　　　　　　　（夫，虚词，表示提示；猒，同上）
是以不猒。　　　　　　　　　　　　　　　　　　（猒 yàn，通"厌"）

是以，
圣人，
自知而不自见也，　　　　　　　　（见 xiàn，现也；也，虚词，表示肯定）
自爱而不自贵也。

故，
去彼，　　　　　　　　　　　　　　　　　　　（彼，指自见自贵）
而取此。　　　　　　　　　　　　　　　　　　（此，指自知自爱）

第 39 段　天网恢恢

勇于敢者，则杀；　　　　　　　　　　　　　　（杀，同"死"，败）
勇于不敢者，则活。　　　　　　　　　　　　　（活，胜）

此两者，
或利或害，
天之所恶。　　　　　　　　　　　（恶 wù，好恶；天，天道）
孰知其故。　　　　　　　　　　　　　　　　　（孰，谁也）

天之道，　　　　　　　　　　　　　　　　　　（天，天成）
不战而善胜，
不言而善应，　　　　　　　　　　　　　　　　（应，应对）
不召而自来。

单而善谋，　　　　　　　　　　　　　　　　　（单，大也）
天网恢恢，
疏而不失。　　　　　　　　　　　　　　　　　（失，遗漏）

第 40 段　司杀者杀

若民恒且不畏死,　　　　　　　　　　　　　　（恒,常也；且,几乎）
奈何以杀惧之也？　　（奈何,如何；之,虚词,表示指代；也,虚词,表示疑问）

若民恒且畏死,
而为畸者,　　　　　　　　　（畸 jī,贼也；者,虚词,表示指代）
吾将得而杀之夫！　　　（之,虚词,表示强调；夫,虚词,表示感叹）
孰敢矣？　　　　　　　　　（孰,谁也；矣,虚词,表示疑问）

若,　　　　　　　　　　　　　　　　　　（若,乃也,如此）
民恒且必畏死,
则恒有司杀者。　　（恒,常也；司,主也；司杀,司法；者,虚词,表示指代）

夫代司杀者杀,　　　　　　　　　　（夫,虚词,表示提示）
是代大匠斫也。　　（匠,木工也；斫 zhuó,砍劈；也,虚词,表示肯定）
夫代大匠斫者,
则希不伤其手矣。　　（希,罕也；其,虚词,表示指代；矣,虚词,表示肯定）

第 41 段　税多人饥

人之饥也，　　　　　　　　　　　　　　　　　　（也，虚词，表示未完）
以其食税之多也，　　　　　　　　　　　（其，虚词，表示指代；食税，粮食税；
　　　　　　　　　　　　　　　　　之，虚词，表示修饰；也，虚词，表示肯定）
是以饥。

百姓之不治也，
以其上之有以为$_4$也。　　　　　　　　　　　（有以为$_4$ wèi，有己谋求）
是以不治。

民之轻死也，
以其求生之厚也，　　　　　　　　　　　　　　　　　　（厚，强烈）
是以轻死。

夫唯无以生为者，　　（夫，虚词，表示提示；无以，难以；生，生命；为，为继）
是贤贵生。　　　　　　　　　　　　　　　　　　（贤，尊重；贵，珍惜）

第42段　柔弱居上

人之生,也柔弱;　　　　　　　　（之,虚词,表示修饰;生,活着;柔弱,柔软）
其死,也筋朋坚强。　　　　　　　（其,虚词,表示指代;朋 rèn,坚肉也）

万物草木之生,也柔脆;
其死,也枯槁。

故曰:
坚强者,死之徒也;　　　　　　　（坚强,僵硬;者,虚词,表示指代;徒,人;
　　　　　　　　　　　　　　　　　也,虚词,表示肯定）

柔弱微细,生之徒也。

是以,
兵强则不胜,　　　　　　　　　　　　　　　　　　　（强,逞强）
木强则恒。　　　　　　　　　　　　　　　（强,强硬;恒,久也）

强大居下,
柔弱微细居上。

第43段　为而不有

天之道，　　　　　　　　　　　　　　（天，天成；之，虚词，表示修饰）
犹张弓者也，　　　　　　　　（者，虚词，表示指代；也，虚词，表示未完）
高者印之，　　　　　　　　　（印，按手印，按压；之，虚词，表示强调）
下者举之。

有余者损之，　　　　　　　　　　　　　　　　　　　　（损，减）
不足者补之。

故，
天之道，
损有余，
而益不足。　　　　　　　　　　　　　　　　　　（益，增益，增补）

人之道，　　　　　　　　　　　　　　　　（人，有些人；道，做法）
则不然，
损不足，
而奉有余。　　　　　　　　　　　　　　　　　　　　（奉，贡奉）

孰能有余，　　　　　　　　　　　　　　　　　　　　　（孰，谁）
而有以取奉于天者乎？　　（有，通"又"；天，天下；者，虚词，表示强调；
　　　　　　　　　　　　　　　　　　　　　　乎，虚词，表示疑问）

唯又道者乎？　　　　　　　　　（又，通"有"；道，遵道；者，虚词，表示指代）

是以，
圣人，
为，而弗又；　　　　　　　　　　　　　（为，有作为；又，同上）
成功，而弗居也。　　　　　　　（成功，助成功；也，虚词，表示肯定）

若此，
其不欲见贤也。　　　　　　　　（其，虚词，表示指代；见，同"现"）

第44段　弱能胜强

天下莫柔弱于水，　　　　　　　　　　　　　　　　（莫,无也）
而攻坚强者，　　　　　　　　　　　　　　　（者,虚词,表示指代）
莫之能先也，　　　　　　（之,虚词,表示强调;也,虚词,表示肯定）
以其无以易之也。　　　　（以,所以;其,虚词,表示指代;易,替换;
　　　　　　　　　　　　　　　　　　　　　　　之,虚词,表示强调）

水之胜刚也，　　　　　　（之,虚词,表示所属;也,虚词,表示未完）
弱之胜强也。　　　　　　　　　　　　　　（也,虚词,表示肯定）

天下莫弗知也，　　　　　　　　　　　　　　　　（弗,不也）
而莫之能行也。

故，
圣人之言云曰：　　　　　　　　　　　　　（之,虚词,表示所属）
受邦之詢，是谓社稷之主；　　　　　　　（邦,国也;詢 gòu,耻也;
　　　　　　　　　　　　　　　　　社,土神;稷,谷神;社稷,天下）
受邦之不祥，是谓天下之王。　　　　　　　　　　（不祥,灾难）

正言，　　　　　　　　　　　　　　　　　（正言,正面道理）
若反。

第45段　天道无亲

和大怨，　　　　　　　　　　　　　　　（和，和解；怨，怨仇）
必有余怨，
焉可以为善？　　　　　　　　　　　　　（焉，何也；善，佳也）

是以，
圣人右介，　　　　　　　　　　　　（右，上也，重视；介，助也）
而不以责于人。　　　　　　　　　　　　　　　（责，责难）

故，
有德司介，　　　　　　　　　　（德，通"得"，上得；介，助也）
无德司彻。　　　　　　　　　　　　　　　（彻，毁也，毁损）

夫天道，　　　　　　　　　　（夫，虚词，表示提示；天，天成）
无亲，　　　　　　　　　　　　　　　　　　　（亲，亲疏）
恒与，　　　　　　　　　　　　　　　　　　　（与，给与）
善人。　　　　　　　　　　　　　　　　　　　（善，善待）

第 46 段　万物之始

道，　　　　　　　　　　　　　　（道，人类社会习性的宏观运行规律）
可道也，　　　　　　　　　　　　（道，说道；也，虚词，表示肯定）
非恒道也。　　　　　　　　　　　（恒，常也；道，人们说的道）

名，　　　　　　　　　　　　　　（名，明也，明事实以分明）
可名也，　　　　　　　　　　　　（名，同上；也，虚词，表示肯定）
非恒名也。　　　　　　　　　　　（名，同上）

无，名万物之始也；　　（名，同上；之，虚词，表示所属；也，虚词，表示肯定）
有，名万物之母也。　　　　　　　（名，同上）

故，
恒无，　　　　　　　　　　　　　（恒，常也）
欲也？　　　　　　　　　　　　　（欲，期愿；也，虚词，表示疑问）
以观其眇；　　　　　　（其，虚词，表示指代；眇 miǎo，尽也）

恒有，
欲也？
以观其徼。　　　　　　　　　　　（徼 jiào，边徼也，边界）

两者同出，　　　　　　　　　　　（两者，两者相生）
异名同谓；　　　　　　　　　　　（同谓，同谓一事）

玄之又玄，　　　　　　　　　　　（玄，深奥；之，虚词，表示强调）
众眇之门。　　（眇，通"妙"，奥妙；；之，虚词，表示所属；门，凡物关键处）

第 47 段　有无相生

天下皆知：

美之为美,恶已；　　　　　　（之,虚词,表示强调；已,虚词,同"矣",表示肯定）
皆知：
善,斯不善矣。　　　　　　　　　　　（斯,则；矣,虚词,表示肯定）

有无之相生也,　　　　　　（之,虚词,表示所属；也,虚词,表示未完）
难易之相成也,
长短之相刑也,　　　　　　　　　　　　　　　（刑,通"形"）
高下之相盈也,　　　　　　　　　　　　　　　（盈,盈缩）
音声之相和也,　　　　　（音,合奏声；声,独奏声；和 hè,应和）
先后之相随,
恒也。　　　　　　　　　　　（恒,常也；也,虚词,表示肯定）

是以,
圣人,
居无为$_4$之事,　　（居,治理；无为$_4$ wèi,无己目的；之,虚词,表示修饰）
行不言之教。　　　　　　　　　　　　　　　　（行,施行）

万物,　　　　　　　　　　　　　　　　　　（万物,万众）
作,而弗始也；　（作,培育；弗 fú,不之深者；始,起始；也,虚词,表示肯定）

为,而弗志也;   （为,作为;志,个人意志）
成功,而弗居也。   （成功,助成功;居,居功）

夫唯弗居,   （夫,虚词,表示提示）
是以弗去。   （去,失去）

第 48 段　不敢不为

不上贤,使民不争;　　　　　　　　　　　　（上,崇也;贤,多才也）
不贵难得之货,使民不为盗;　　　　　　　　（贵,稀罕;之,虚词,表示修饰）
不见可欲,使民不乱。　　　　　　　　　　　（见,现也;欲,贪欲;乱,心乱）

是以,
圣人之治也,　　　　　　　　（之,虚词,表示所属;也,虚词,表示未完）
虚其心,实其腹;　　　　　　　（心,心机;腹,内心,如推心置腹）
弱其志,强其骨,　　　　　　　（志,冥顽不化之志;骨,骨气）

恒使民,无知无欲也;　　　　　（恒,总是;知,通"智",机巧;欲,贪欲;
　　　　　　　　　　　　　　　也,虚词,表示未完）
使夫知,不敢弗为。　　　（夫,官吏;知,知道;弗,不之深者;为 wéi,作为）

而已,
则无不治矣。

第49段　挫锐解纷

道，
冲，　　　　　　　　　　　　　　　　　　（冲，虚也）
而用之有弗盈也。　　　　　　（之，虚词，表示强调；有，又也；盈，满也；
　　　　　　　　　　　　　　　　也，虚词，表示肯定）

渊呵！　　　　　　　　　　　　　　　　（渊，深也，深邃）
似万物之宗。　　　　　　　　　（之，虚词，表示所属；宗，宗祖）

锉其兑，　　　　　　　　　（锉，通"挫"；兑 ruì，通"锐"，尖锐）
解其纷；　　　　　　　　　　　　　　　　　（纷，纷争）

和其光，　　　　　　　　　　　　　　（光，闪光的上层人物）
同其尘。　　　　　　　　　　　　　　（尘，平凡的下层人物）

湛呵！　　　　　　　　　　　　　　　　（湛，没也，隐没）
似或存。　　　　　　　　　　　　　　　（或存，或有或无）

吾不知其谁之子，　　　（其，虚词，表示指代；之，虚词，表示所属）
象帝之先。　　　　　　　　　　　　（帝，天帝；先，祖先）

第 50 段　不若守中

天地,不仁以万物为刍狗。　　　　　　　　（仁,忍也;刍 chú,草;刍狗,草狗,
　　　　　　　　　　　　　　　　　　　　　祭祀用,祭品,牺牲品）
圣人,不仁以百姓为刍狗。

天地之间,　　　　　　　　　　　　　　　（之,虚词,表示所属）
其犹橐龠与?　　　　　（其,虚词,表示指代;橐 tuó,囊也;龠 yuè,竹管;
　　　　　　　　　　　橐龠,冶炼用鼓风器具;与,虚词,表示疑问）
虚而不淈,　　　　　　　　　　　　　　　（淈 gǔ,尽也）
动而俞出。　　　　　　　　　　　　　　　（俞,通"愈";愈,越发）

多闻,　　　　　　　　　　　　　　　　　（闻,见闻）
数穷,　　　　　　　　　　　　　　　　　（数,速也;穷,完结）
不若守于中。　　　　　　　　　　　　　　（中,心也,内也）

第51段　无私成私

谷神不死，	（谷，河谷，丘陵为牡，河谷为牝；不死，永恒的）
是谓玄牝。	（玄，深厚；牝 pìn，母兽，飞曰雌雄，走曰牝牡）
玄牝之门，	（之，虚词，表示所属；门，窍门，精妙）
是谓天地之根緜。	（緜 mián，绵也）。

緜呵！
其若存，	（其，虚词，表示指代；若存，仿佛存）
用之不堇。	（之，虚词，表示强调；堇 jǐn，少也）

天长，	（长，长生）
地久。	（久，恒久也）
天地之所以能长且久者，	（者，虚词，表示强调）
以其不自生也。	（其，虚词，表示指代；也，虚词，表示肯定）
故能长生。	（故，通"顾"，反而）

是以，
圣人，
退其身，而身先；	（退，退后；先，先前）
外其身，而身存。	（外，事外；存，存于其中）

不以其无私与？	（其，虚词，表示指代；与，虚词，表示疑问）
故能成其私。	（故，通"顾"，反而；私，自身）

第52段　上善如水

上善如水。　　　　　　　　　　　　　　（上,高层次的;善,佳也）

水善,
利万物而有静,
居众人之所恶。　　　　　　　　　　　（之,虚词,表示所属;恶 wù,厌恶）

故,
几于道矣。　　　　　　　　　　　　　（几,将及也;矣,虚词,表示肯定）

居,善地;　　　　　　　　　　　　　　　　　（善,佳也）
心,善渊;　　　　　　　　　　　　　　（心,心思;渊,深也）
予,善天;　　　　　　　　　　　　　　　（予,给予;天,时日）
言,善信;　　　　　　　　　　　　　　　（言,言谈;信,相信）
正,善治;　　　　　　　　　　　　　　　（正,官长;治,得治）
事,善能;　　　　　　　　　　　　　（事,行事;能,胜任也）
动,善时。　　　　　　　　　　　　　　（动,出动;时,时辰）
夫唯不静,　　　　　　　　　　　　　　（夫,虚词,表示提示）
故无尤。　　　　　　　　　　　　　　　　（尤,异也,优异）

第 53 段　富骄遗咎

持而盈之，　　　　　　　　　　　　　　　（盈，溢也；之，虚词，表示强调）
不若其已；　　　　　　　　　　　　　　　（其，虚词，表示指代；已，弃也）

揣而允之，　　　　　　　　　　　　　　　（揣，揣摩；允，信也）
不可长葆也；　　　　　　（长，常也；葆，通"保"；也，虚词，表示肯定）

金玉盈室，　　　　　　　　　　　　　　　　　　　　（盈，满也）
莫之守也；　　　　　　　　　　　　　　　（之，虚词，表示强调）

贵富而骄，　　　　　　　　　　　　　　　　　　　　（骄，骄横）
自遗咎也。　　　　　　　　　　　　　（遗，留也；咎，灾也）

功遂身退，　　　　　　　　　　　　　　　　　　（遂 suì，成也）
天之道也。　　　　　　　　　（天，天成；之，虚词，表示所属）

第54段　长而不宰

戴营魄抱一，　　　　　　　　（戴，推崇；营，营造，形；魄，精神；抱，合抱）
能毋离乎？　　　　　　　　　　　　　（毋，通"无"；乎，虚词，表示疑问）

抟气至柔，　　　　　　　　　　　　　　　　　　　　（抟 tuǎn，聚结）
能婴儿乎？

脩除玄监，　　　　　（脩 xiū，通"修"；玄，厚也；监，通"鉴"；鉴，镜也）
能毋有疵乎？

爱民活国，　　　　　　　　　　　　　　　　　（活，生也，有生气）
能毋以知乎？　　　　　　　　　　　　　　　　（知 zhì，通"智"，精明）

天门启阖，　　　　　　　　（天门，天门穴，额中，心智；阖 hé，闭也）
能为雌乎？

明白四达，
能毋以知乎？　　　　　　　　　　　　　　　　（知 zhì，通"智"，狡诈）

生之，　　　　　　　　　　　　（生，生息修养；之，虚词，表示强调）

畜之。 (畜 xù,养也,容民蓄众)

生,而弗有; (弗,不之深者;有,占有)
长,而弗宰也。 (长,长养也;宰,主宰;也,虚词,表示肯定)

是谓,
玄德。 (玄,深厚;德,通"得")

第 55 段　无之为用

卅辐同一毂，　　　　　　　　　　　　（卅 sà，三十；辐，辐条；毂，轮毂）
当其无，　　　　　　　　　　　　　　（当，当中；其，虚词，表示指代）
有车之用。　　　　　　　　　　　　　（之，虚词，表示所属）

燃埴而为器，　　　　　　　　　　　　（燃，烧也；埴 zhí，黏土；器，陶器）
当其无，
有埴器之用。

凿户牖，　　　　　　　　　　　　　　（牖 yǒu，窗户）
当其无，
有室之用。　　　　　　　　　　　　　（室，房舍）

故，
有之，以有利；　　　　　　　　　　　（之，虚词，表示指代）
无之，以为用。

第56段　五色目盲

五色，使人目盲；
驰骋田猎，使人心狂。

难得之货，使人之行方。　　　　　　（之，虚词，表示所属；行方，行为古怪）
五味，使人之口爽；　　　　　　　　（之，同上；爽，丧失，爽约）
五音，使人之耳聋。　　　　　　　　（之，同上）

是以，
圣人之治也，　　　　　　　　　　　（也，虚词，表示未完）
为₄腹，　　　　　　　　　　　　　（腹，内心）
而不为₄目。　　　　　　　　　　　（目，见也）

故，
去彼，
而取此。

第 57 段　可托天下

宠辱若惊，　　　　　　　　　　　　　　　　　　（辱，失宠）
贵大患若身。　　　　　　　　　　　　（贵，尊也；大患，天下大患；身，自身）

何谓宠辱若惊？　　　　　　　　　　　　　　　　（何谓，何为，什么是）
宠之为下也，　　　　　　　　　　　（宠之，被宠；也，虚词，表示肯定）
得之若惊，　　　　　　　　　　　　　　　　　　（之，虚词，表示强调）
失之若惊，
是谓宠辱若惊。

何谓贵大患若身？　　　　　　　　　　　　　　　（何谓，为何，为什么）
吾所以有大患者，　　　　　　　　　　　　　　　（者，虚词，表示强调）
为吾有身也，　　　　　　　　　　　（为，因为；身，心；也，虚词，表示未完）
及吾无身，　　　　　　　　　　　　　　　　　　　　　　（及，至也）
有何患？　　　　　　　　　　　　　　　　　　　　　　　（患，大患）

故，
贵为身于为 天下，　　　　　　　　　　　（贵，欲也；欲，期愿；为，使也）
若可以托天下矣；　　　　　　　　　　（若，汝也，你；矣，虚词，表示肯定）

爱以身为 天下，　　　　　　　　　　　　　　　　（爱，吝惜也；以，用也）
女何以寄天下。　　　　　　　　　　　　（女，通"汝"，你；寄，寄托）

第58段　无形之形

视之而弗见,名之曰微;　　　　　　　　(之,虚词,表示强调;名,命名;之,虚词,表示指代)
听之而弗闻,名之曰希;　　　　　　　　　　　　　　　　　　　　(希,寡也)
捪之而弗得,名之曰夷。　　　　　　　　(捪 mín,同揗 mǐn,抚也;夷,平也)

三者不可至计。　　　　　　　　　　　　　　　　　　　　(至,极也;计,考察)
故混而为一。　　　　　　　　　　　　　　　　　　　　　(混,同"浑",浑然)

一者,　　　　　　　　　　　　　　　　　　　　　　　　(者,虚词,表示指代)
其上不谬,　　　　　　　　　　　　　　　　　　　　　　　　　　(谬,谬误)
其下不惚。　　　　　　　　　　　　　　　　　　　　　　　　　　(惚,恍惚)

寻寻呵,　　　　　　　　　　　　　　　　　　　　　　　　　　　(寻,寻觅)
不可名也。　　　　　　　　　　　　　　　　　　(名,明也,明实事使分明也)

复归于无物,　　　　　　　　　　　　　　　　　　　　　　　　　(物,物像)
是谓无状之状。　　　　　　　　　　　　　　　　　　　　　　　　(状,形状)

无物之象,
是谓沕望。　　　　　　　　　　　　　　　　　　　(沕 mì,深微貌,精深微妙)

随,而不见其后; （后,后背）
迎,而不见其首。 （首,面部）

执今之道, （执,用;今,这;之,虚词,表示修饰）
以御今之有, （御,驾驭;今,现在的）
以知古始。 （古,远古）

是谓,
道纪。 （纪,要领）

第 59 段　浊而静之

古之善为道者，
微眇玄达，　　　　　　　　　　　　　　　　　　　（达，通也）
深不可志。　　　　　　　　　　　　　　　　　　　（志，记也）

夫唯不可志，
故强为之容，　　　　　　　　　　　　　　　　　　（容，容貌）
曰：
与呵，其若冬涉水；　　　　　　　　　（与，结交，需要忍耐和坚持）
猷呵，其若畏四邻；　　　　　　　　　（猷，通"犹"，母猴，性多疑）
严呵，其若客；　　　　　　　　　　　（严，严肃，表情严肃）
涣呵，其若凌泽；　（涣，散难释险谓之涣；凌 líng，通"凌"，冰凌；泽，通"释"）
沌呵，其若朴；　　　　　　　　　　　（沌 chún，通"纯"，"淳"通"纯"）
湷呵，其若浊；　　　　　　　　（湷 hún，通"浑"，浑厚；浊，浊河，黄河古称）
旷呵，其若谷。　　　　　　　　　　　（旷，心胸开阔）

浊，
而静之，
徐清。　　　　　　　　　　　　　　　　　　　　　（徐，逐渐）

安，　　　　　　　　　　　　　　　　　　　　　　（安，静也）
以动之，
徐生。

葆此道者，　　　　　　　　　　　　　　　　　　　（葆，同"保"）
不欲盈。　　　　　　　　（欲，欲望；盈，过多，"过曰盈，不及曰缩"）

夫唯不欲盈，
是以能，
敝而不成。　　　　　　　　　　　　　　（敝，败衣也；成，盛也，盛装）

第 60 段　复归其根

至虚,极也;　　　　　　　　　　　(虚,虚空;极,穷尽;也,虚词,表示肯定)
守静,督也。　　　　　　　　　　　(静,平静;督,察也,思索)

万物旁作,吾以观其复也;　　　　　(旁,广也;作,兴起也;复,循环往复;
　　　　　　　　　　　　　　　　　也,虚词,语已辞)
天物云云,各复归于其根。　　　　　(云,通"芸",众多;复,还也)

曰静,
静,
是谓复命。　　　　　　　　　　　(复命,重复审视此生,反思)

复命,
常也。　　　　　　　　　　　　　(常,规律,天行有常;也,虚词,表示肯定)

知常,明也;　　　　　　　　　　　　　　　(明,明察)
不知常,帀帀作凶。　　　　　　　　(帀 máng,通"茫";作,起也)

知常,
容。　　　　　　　　　　　　　　(容,包容,君子以容民畜众)

容,乃公;　　　　　　　　　　　　(公,无私也;乃,虚词,继事之辞,才)
公,乃王;　　　　　　　　　　　　(王,天下归往,王天下)
王,乃天;　　　　　　　　　　　　(天,治天下)
天,乃道;
道,乃久。
没身不殆。　　　　　　　　　　　(没 mò,尽也;殆 dài,危也)

第61段　下知有之

大上,下知有之；　　　　　　（大,上等,至高无上；上,君也；之,虚词,表示强调）
其次,亲誉之；　　　　　　　（其,虚词,表示指代；亲,亲自；誉,誉谀）
其次,畏之；
其下,侮之。　　　　　　　　　　　　　　　　（侮,侮辱,诋毁）

信不足,　　　　　　　　　　　　　　　　　　　　（信,诚信）
案有不信。　　　　　　　　　　（案,次第也,才；信,信任）

猷呵,　　　　　　　　　　　（猷,通"犹",犹豫,谨慎）
其贵言也。　　　（其,虚词,表示指代；贵,珍贵；也,虚词,表示肯定）

成功遂事,　　　　　　　　　　　　　　　　　（遂 suì,成也）
而百姓谓我自然。　　　　　　　　　　　　　　（我,己称也）

故,
大道废,案有仁义；　　　　　（大道,称为"大"的道；案,次第也,才）
知彗出,案有大伪。　　　（彗,通"慧"；知,通"智"；伪,通"讹"）

六亲不和,案有孝慈；
邦家昏乱,案有贞臣。　　　　　（邦,国也；贞,正也；正,直也）

第62段　少私寡欲

绝圣弃知，民利百倍；　　　　　　　　（圣，刁钻；知，通"智"，机巧）
绝仁弃义，民复孝慈；　　　　　　　　（仁，仁礼；义，礼义；复，回复）
绝巧弃利，盗贼无有。　　　　　　　　　　　　（巧，伪也，诈也）

此三言也，　　　　　　　　　　　　　　　　（也，虚词，表示未完）
以为文未足，　　　　　　　　　　　　　　　（为，作为；文，文字）
故令之有所属。　　　　　　　（之，虚词，表示指代；属，通"嘱"）

见素，抱朴；　　（见，露也；素，未染之丝绸；抱，怀也；朴，未加工之木材。）
少私，寡欲；　　　　　　　　　　　　　　　　（私，私利；欲，欲望）
绝学，无忧。　　　　　　　　　　　　　　　（学，礼学；忧，忧患）

第63段　独贵食母

唯与诃,其相去几何?　　　　　　　　　（唯,诺也,是;诃 hē,呵斥,非）
美与恶,其相去何若?

人之所畏,　　（人,百姓;之,虚词,表示强调;所,虚词,表示被动;畏,敬畏）
亦不可以不畏人。　　　　　　　　　　　　　　　（亦,也）

望呵,
其未央才,　　　　　（央,中央,圆的内极限;才,通"哉",哉始之哉）
众人熙熙,　　　　　　　　　　　　　　　　　（熙,兴也）
若乡于大牢而春,　　　　（乡,通"享";大 tài 牢,三牲祭祀,祭品）

登台,　　　　（台,古代帝王的座位均在高台上;登台,加冕为君）
我泊焉。　　　　　　　　　（泊,淡泊;焉,虚词,表示陈述）
未兆,　　　　　　　　　　　　　　　　（兆,卜兆,占卦）
若婴儿未咳。　　　　　　　　　　　（咳 hāi,小儿笑也）

累呵,　　　　　（累,通"忧","以天下为己累,故己忧之"）
如无所归。
众人皆有,　　　　　　　　　　　　　　　（有,有所归）
余我独遗。　　　　　　　　　　　　　　　（遗,遗留）

我，
愚人之心也。　　　　　　　　　　　　　　　　（也，虚词，表示肯定）

惷惷呵，　　　　　　　　　　　　　　　　　　（惷 chōng，愚也）
鬻人昭昭，我独若昏呵；　　　　　　（鬻 zhù，粥，人多；昭，明也，清醒）
鬻人察察，我独闷闷呵。　　　　　　　（察，知也，清楚；闷，糊涂）

惚呵，其若海。　　　　　　　　　　（惚，恍惚；海，晦也；晦，月尽也）
望呵，其若无所止。

众人皆有，　　　　　　　　　　　　　　　　　　　（有，有所获）
以我独顽以鄙。　　　　　　　　　　　　　　　　　　（鄙，陋也）

吾欲，
独异于人，
而贵食母。　　　　　　　　　　　（贵，重视；食母，衣食父母，百姓）

第64段　孔德之容

孔德之容，　　　　　　　　　　（孔德，德音孔昭，见《诗·小雅·鹿鸣》；
　　　　　　　　　　　　　　　　之，虚词，表示修饰；容，形象）
唯道是从。　　　　　　　　　　（唯，虚词，表示肯定；从，相从，相合）

道之物，　　　　　　　　　　　　　　　　　　　（物，事也）
唯望，　　　　　　　　　　　　　　　（唯，独也；望，远望）
唯惚。　　　　　　　　　　　　　　　　（惚，恍惚，隐约）

惚呵，
望呵，
中有象呵！　　　　　　　　　　　　　　　　　（象，天象）

望呵，
惚呵，
中有物呵！　　　　　　　　　　　　　　　　（物，万物也）

幽呵，　　　　　　　　　　　　　　　　　　　（幽，深远）
冥呵，　　　　　　　　　　　　　　　　　　　（冥，精妙）
中有请呵！　　　　　（请，通"情"；情，性也，本性）

其请甚真，　　　　　　　　　　　　　　　　　（请，同上）

其中有信。　　　　　　　　　　　　　　（信,诚也;诚,真实无妄）

自今及古,
其名不去,　　　　　　　　　　　　　　（名,明,明实事以分明也）
以顺众父。　（顺,从也;众,多也,万物;父,始生己者;众父,道,道生万物）

吾何以知众父之然,　　　　　　　　　　　　　　（然,是也）
以此。

第 65 段　自视不彰

炊者,不立;　　　　　　　　　　　　　（炊,同"吹";吹,吹嘘;立,成也）
自视者,不章;　　　　　　　　　　　（自视,自视甚高,高傲;章,通"彰"）
自见者,不明;　　　　　　　　（见,通"现";自现,自我表现;明,通"名"）
自伐者,无功;　　　　　　　　　　　　　　　　　（伐,自称其功）
自矜者,不长。　　　　　（矜 jīn,自贤,自负;长 zhǎng,位高也）
其在道也。

曰：
余食赘行,　　　　　（余食,剩饭;赘 zhuì,多余;行,走路;赘行,绕路）
物或恶之。　　　　　（物,人物;恶 wù,憎也;之,虚词,表示指代）

故,
有欲者弗居。　　　　　　　　　　　　（欲,期愿,志气;居,处于）

第 66 段　曲全成全

曲,则全;　　　　　　　　　　　　　　　　　　(曲,委曲;全,成全)

枉,则正。　　　　　　　　　　　　　　　　　　(枉,冤枉;正,正气)

洼,则盈;　　　　　　　　　　　　　　(洼,低洼;盈,盈满,充满)

敝,则新;　　　　　　　　　　　　　　　　　　(敝,破旧,陈旧)

少,则得;　　　　　　　　　　　　　　　　　　　　　(少,少得)

多,则惑。　　　　　　　　　　　　　　　　　(多,多得;惑,迷惑)

是以,

圣人执一,　　　　　　　　　　　　　　(执,持也;一,道,"道生一")

以为₄天下牧。　　　　　　　　　　　　　　　　　　　(牧,治也)

不自视,故章;　　　(自视,自视甚高,高傲;故,通"顾",反而;章,通"彰")

不自见,故明;　　　　(见,通"现";自现,自我表现;明,通"名")

不自伐,故有功;　　　　　　　　　　　　　　　　(伐,自称其功)

弗矜,故能长。　　　　　　　(矜,自贤,自负;长 zhǎng,位高也)

夫唯不争,　　　　　　　　　　　　　　　　(夫,虚词,表示提示)

故莫能与之争。　　　　　　　　　　　（之，虚词，表示指代）

古之所谓曲全者，　　　　　（古，故也，过去；者，虚词，表示指代）
几语才？　　　　　　　（几，通"岂"岂是；才，通"哉"，虚词，表示反问）
诚全归之。　　　　　　　（诚，真实也；全，成全；之，虚词，表示肯定）

第67段　得者同得

希言自然。　　　　　　　　　　　　　　　　　　　　　（希,少也）

飘风不冬朝,　　　　　　　　　（飘,疾风;冬,终也;终,尽也）
暴雨不冬日。　　　　　　　　　　　　　　　　　（冬,同上）

孰为₄此?　　　　　　　　　　　　　　　　　　　（孰,何也）
天地而弗能久,　　　　　　　　　　　　　（弗,不之深者）
有兄于人乎?　　　（有,又也;兄 kuàng,通"况"乎,虚词,表示反问）

故,
从事而道者,　　　　　　　（从,进行;事,治也;者,虚词,表示指代）
同于道。　　　　　　　　　　　　　　　　（同,相同,于,与）

德者,同于德;　　　（德,通"得";者,虚词,表示强调;同,共也;于,在于）
失者,同于失。

同于德者,道亦德之;　　　　　　　（德,同上;之,虚词,表示肯定）
同于失者,道亦失之。

第68段　有物昆成

有物昆成，　　　　　　　　　　　　　　　（昆 hún，通"混"；混，通"浑"，浑然）
先天地生。

萧呵！　　　　　　　　　　　　　　　　　（萧，萧墙，影壁，隐秘）
漻呵！　　　　　　　　　　　　　　　　　（漻 liáo，清深，深奥）
独立而不改，　　　　　　　　　　　　　　（改，改变）
可以为天地母。

吾未知其名，　　　　　　　　　　　　　　（其，虚词，表示指代）
字之曰道，　　　　　　　　　　　　　　　（之，虚词，表示指代）
吾强为之名曰大。　　　　　　　　　　　　（强，勉也）

大，曰逝；　　　　　　　　　（逝，去也，中心往各个方向均为逝）
逝，曰远；　　　　　　　　　　　　　　　（远，致远）
远，曰返。　　　　　　　　　　　　　　　（返，复返）

道大，　　　　　　　　　　　　　　　　　（大，道的字）
天大，　　　　　　　　　　　　　　　　　（大，形象大）
地大，　　　　　　　　　　　　　　　　　（大，范围大）
王亦大。　　　　　　　　　　　　　　（亦，又也；大，权力大）

国中有四大,
而王居其一焉。　　　　　　　　　　　　　　　（焉,虚词,表示陈述）

人,法地;　　　　　　　　　　　　　　　　　　（法,效法）
地,法天;
天,法道。

道法,　　　　　　　　　　　　　　　　　　　　（法,法则）
自然。

第 69 段　重为轻根

重,为轻根；　　　　　　　　　　　　　　　（重,稳重；根,根本；轻,轻浮）
静,为躁君。　　　　　　　　　　　（静,冷静；君,主宰,把控；躁,急躁）

是以,
君子冬日行,　　　　　　　　　　　　　　　　　　　　　（冬,终也）
不离其辎重,　　　（辎,辎车,有邸曰辎,无邸曰軿 píng,重曰辎,轻曰軿）
唯有环官燕处,　　　　（唯,通"虽"；官,通"馆"；环官,宫阙；燕处,寝宫）
则昭若。　　　　　　　　　（则,转折之意；昭,明也；若,虚词,表示状态）

若何,　　　　　　　　　　　　　　　（若,虚词,表示疑问；何,问辞也）
万乘之王,　　　　　　　　　　　　　　　　　　　　（乘 shèng,战车）
而以身轻于天下？　　　　　　　　　　　　　　　　　　　（轻,轻浮）

轻,则失本；　　　　　　　　　　　　　　　　　　　　　（本,根本）
躁,则失君。　　　　　　　　　　　　　　　　　（君,主宰,把控）

第70段　物无弃财

善行者,无辙迹；　　　　　　　　（行,行走；者,虚词,表示指代；辙 zhé,迹也）
善言者,无瑕谪；　　　　　　　　（言,言辩；瑕,过也；谪 zhé,咎也）
善数者,不以筹策。　　　　　　　（数,计算；筹,算也；策,签也）

善闭者,　　　　　　　　　　　（善,巧妙；闭,上闩闭门；者,虚词,表示指代）
无关楗,　　　　　　　　　　　　　　（关楗,横关纵楗,闩销）
而不可启也。　　　　　　　　　　　　　　　　　（启,开启）

善结者,　　　　　　　　　　　　　　　　　　　（结,系绳结）
无绳约,　　　　　　　　　　　　　（绳约,系绳结的说明）
而不可解也。　　　　　　　　　　　　　　　　（解,解绳结）

是以,
圣人,
恒善救人,　　　　　　　　　　　　　　（恒,总是；救,助也）
而无弃人。　　　　　　　　　　　　　　　　　（弃,嫌弃）

物无弃财,　　　　　　　　　　　　　　　　　（弃财,弃物）
是谓袭明。　　　　　　　　　（袭,沿袭不断,永远；明,明智）

故,

善人，善人之师； （之，虚词，表示修饰；师，众也）
不善人，善人之资也。 （资，货也，资源；也，虚词，表示肯定）

不贵其师， （贵，重视；其，虚词，表示指代）
不爱其资， （爱，爱惜）
虽知乎， （乎，虚词，表示推测）
大迷。 （大，甚也；迷，糊涂）

是谓，
眇要。 （眇，通"妙"；要，要点）

第 71 段　复归无极

　　知其雄，　　　　　　　　　　　　　　　　　　（其，虚词，表示指代）
　　守其雌，
　　为天下溪；　　　　　　　　　　　　　　　　　　（溪，溪水）

　　为天下溪，
　　恒德不离；　　　　　　　　　　　　　　　　（恒，永恒；德，通"得"）

　　恒德不离，
　　复归于婴儿。

　　知其荣，
　　守其辱，
　　为天下谷；　　　　　　　　　　　　　　　　　　（谷，河谷）

　　为天下谷，
　　恒德乃足；　　　　　　　　　　　　　　　　　　（乃，就是）

　　恒德乃足，
　　复归于朴。　　　　　　　　　　　　　　　　　　（朴，朴实）

　　知其白，　　　　　　　　　　　　　　　　　　　（白，清白）

守其黑，　　　　　　　　　　　　　　　　　（黑，曲解）
为天下式；　　　　　　　　　　　　　　　　（式，楷式）

为天下式，
恒德不貣；　　　　　　　　　　　　　　　　（貣 tuī，通"忒"，太）

恒德不貣，
复归于无极。　　　　　（无，哲学概念，万物还没有时的状态；极，极处）

第72段　去甚去大

朴散，则为器；　　　　　　　　　　　　（朴，原木；散，裁开；器，器物）
圣人用则，为官长。　　　　　　　　　　（则，法也；官长，官的长，君王）

夫大制，　　　　　　　　　　　　　　　（夫，虚词，表示提示；制，成法曰制）
无割。　　　　　　　　　　　　　　　　（割，损也）

将欲取天下，　　　　　　　　　　　　　（欲，期愿）
而为₄之，　　　　　　　　　　　　　　（为₄wèi之，有己目的）
吾见其弗得已。　　　　　　　　　　　　（其，虚词，表示指代；已，成也）

夫天下，　　　　　　　　　　　　　　　（夫，虚词，表示提示）
神器也，　　　　　　　　　　　（神器，祭祀用物；也，虚词，表示肯定）
非可为₄者也。　　　　　　（为₄wèi，一己目的；者，虚词，表示指代；
　　　　　　　　　　　　　　　　　　　　也，虚词，表示肯定）

为₄者败之，　　　　　　　　　　　　　（之，虚词，表示强调）
执者失之。　　　　　　　　　　　　　　（执，持也）

物，　　　　　　　　　　　　　　　　　（物，人物，民众）
或行，或随；　　　　　　　　　（或，有人；行，前行；随，后随）
或炅，或吹；　　　　　　（炅，热也；热，热忱，积极；吹，吹冷风，消极）

或强,或硙;　　　　　　　　　　（强,强盛,发展;硙cuǒ,碎石,衰败）,
或陪,或堕。　　　　　　　　　　（陪,益也,增进,上升;堕duò,坠落,下滑）。

是以,
圣人,
去甚,　　　　　　　　　　　　　　　　　　　（甚,过分）
去大,　　　　　　　　　　　　　　　　　　　（大,自大）
去奢。　　　　　　　　　　　　　　　　　　　（奢,奢望）

以道,
佐人主。　　　　　　　　　　　　　　　（佐,辅也;人主,君王）

第73段　果而不骄

不以兵强于天下，　　　　　　　　　　　　　　　（兵，兵马；强，逞强）
其事好还。　　　　　　　　　（其，虚词，表示指代；好hào还，遭报应）
师之所居，　　　　　　（师，军队，兵马；之，虚词，表示修饰；居，驻扎）
楚棘生之。　　　　　（楚，荆也；棘，酸枣丛生；之，虚词，表示强调）

善者，　　　　　　　　　　　　　　　　　　　　　（善，多也，最多）
果而已矣。　　　　　　　　　　　（果，胜也；矣，虚词，表示已然）
毋以取强焉。　　　　　　　　　（强，逞强；焉，虚词，表示肯定）

果而毋骄，　　　　　　　　　　（而，虚词，表示转折；骄，骄横）
果而勿矜，　　　　　　　（勿，毋也；矜，自贤曰矜，自负）
果而勿伐，　　　　　　　　　　　　（伐，自称其功曰伐）
果而毋得已居。　　　　　　　　　　　　　　　　（已，自己）

是谓，
果而不强。　　　　　　　　　　　　　　　　　　　（强，逞强）

物壮而老，　　　（物，人；壮，强壮；而，虚词，表示递进；老，大）
谓之不道。　　　　　　　　　　　　　　　（不道，不合道）
不道，
蚤已。　　　　　　　　　　　　　（蚤zǎo，通"早"；已，止也）

夫兵者， （夫,虚词,提示；者,虚词,表示强调）
不祥之器也， （也,虚词,表示肯定）
物或恶之。 （物,人众；恶 wù,憎也；之,虚词,表示指代）
故，
有欲者， （欲,期愿；者,虚词,表示指代）
弗居。 （居,居用兵之事）

君子居，则贵左。 （君子,君王；贵,重视；左,助也）
用兵者，贵右。 （者,虚词,表示指代；右,上也,多数人以右手为主,崇尚）

故，
兵者，非君子之器也。 （者,虚词,表示强调；也,虚词,表示肯定）
兵者，不祥之器也。
不得已而用之。 （之,虚词,表示指代）

第 74 段 战胜以丧

铦袭为上,勿美也; （铦 xiān,利也,犀利;上,好;
  美,得意;也,虚词,表示未完)
若美之,是乐杀人也。 （之,虚词,表示指代;乐,喜好;也,虚词,表示肯定)

夫乐杀人, （夫,虚词,表示提示)
不可以得志于天下矣。 （矣,虚词,表示陈述)

是以,
吉事上左, （上,通"尚",尊也;左,辅助)
丧事上右。 （右,上也,在上,重视)

是以,
偏将军居左, （偏将军,地位较低的将军)
上将军居右。 （上将军,地位最高的将军)
言,
以丧礼居之也。 （之,虚词,表示指代;也,虚词,语已辞)

杀人众,以悲哀立之; （众,多;立,对待;之,虚词,表示指代)
战胜,以丧礼处之。 （处,处置)

第75段　小谷江海

道，

恒，　　　　　　　　　　　　　　　　　　　　　　　　　（恒，不变）

无名，　　　　　　　　　　　　（名，明也；无名，看不清真貌，无貌）

朴。　　　　　　　　　　　　　　　　　　　　　　　　（朴，朴实）

虽小，

而天下弗敢臣。　　　　　　　　　　　　　　　　　（弗敢臣，不敢小看）

侯王若能守之，　　　　　　　　　　　　　　　（之，虚词，表示指代）

万物将自宾。　　　　　　　　　　　　　　　　（物，众人；宾，服也）

天地相合，以俞甘露；　　　　　　　　　　　　　　　　　　（俞，答也）

民莫之令，而自均焉。　　　　　　　　　　　　（之，虚词，表示强调；

　　　　　　　　　　　　　　　均，韵也；韵，和也；焉，虚词，表示状态）

始制有名，　　　　　　　　　　　　（制，造也；有名，无名之反，有貌）

名亦既有夫！　　　　　　　　　　　（既，已也；夫，虚词，表示感叹）

亦将知止，

知止所以不殆。　　　　　　　　　　　　　　　（殆，通"怠"，懈怠）

俾道之在天下也，　　（俾 bǐ，使也；之，虚词，表示修饰；也，虚词，表示未完）

猷小谷之与江海也。　　（猷，通"犹"；小谷，溪流；也，虚词，表示肯定）

第 76 段 死而不忘

知人者，知也；　　　　　　　　（者，虚词，表示指代；第二个"知"，通"智"；
　　　　　　　　　　　　　　　　　　　也，虚词，表示肯定）
自知，明也。

胜人者，有力也；
自胜者，强也。

知足者，富也；
强行者，有志也。　　　　　　　（强 qiǎng，勉也；强行，勉力而行）

不失其所者，久也；　　　　　　（其，虚词，表示指代；所，领地）
死而不忘者，寿也。

第77段　不大成大

道，
汜呵，　　　　　　　　　　　　　　（汜，水别复入之水，回水）
其可左右也。　　（其，虚词，表示指代；左右，辅也；也，虚词，表示肯定）

成功遂事，而弗名有也；　　　　（遂 suì，达也弗，不之深者；名，明也；
　　　　　　　　　　　　　　　　　　　　　也，虚词，表示停顿）
万物归焉，而弗为主。　（物，人众；归，归顺；焉，虚词，表示状态；主，宰也）

则，　　　　　　　　　　　　　　　　　　　　　　　　（则，就）
恒无欲也，　　　　　（恒，常也；欲，己欲；也，虚词，表示未完）
可名于小；　　　　　　　　　　　　　　　（可，肯也；名，明也）

万物归焉而弗为主，
可名于大。　　　　　　　　　　　　　　（可，能够；名，成也）

是以，
圣人之能成大也，　　　（之，虚词，表示所属；也，虚词，表示未完）
以其不为大也。　　　　（其，虚词，表示指代；也，虚词，表示肯定）
故能成大。

第78段　用之不尽

执大象，　　　　　　　　　　　　　　　　　　（执,持也;象,法也）
天下往，　　　　　　　　　　　　　　　　　　（往,往来,行治理）
往而不害。　　　　　　　　　　　　　　　　　　　（害,祸害）

安平太，　　　　　　　　　　　　　（安,定也;平,和也;太,通"泰"）
乐与饵，　　　　　　　　　　　　　　　　（乐,喜乐也;饵,食也）
过格止。　　　　　　　　　　　　　　　　　（过,过度;格,法也）

故，
道之出言也曰，　　　　　　　　（之,虚词,表示所属;也,虚词,表示未完）
淡呵其无味也，　　　　　　　　　　（淡,平淡;也,虚词,表示肯定）
视之不足见也，
听之不足闻也，
用之不可既也。　　　　　　　　　　　　　　　　　　（既,尽也）

第79段　欲夺故予

将欲拾之,必古张之;　　　　　　　　（欲,期愿;拾,收也;古,通"故";张,开也;之,虚词,表示指代）

将欲弱之,必古强之;　　　　　　　　（弱,削弱;强,增强）

将欲去之,必古与之;　　　　　　　　（去,离去;与,相与）

将欲夺之,必古予之。　　　　　　　　（夺,夺取;予,给予）

是谓微明。　　　　　　　　　　　　（微,细也）

柔弱,胜强;　　　　　　　　　　　　（柔弱,示弱;强,逞强）

鱼,不脱于渊;　　　　　（鱼者,介鳞之物,兵象也;脱,离也;渊,深也）

邦利器,不可以示人。　　　　（邦,国也;利器,兵马;示,通"视";视,治理）

第 80 段　天地自正

道，

恒，　　　　　　　　　　　　　　　　　　　　　　（恒，不变）

无名。　　　　　　　　　　　　　（名，明也；无名，看不清真貌，无貌）

侯王若能守之，　　　　　　　　　　　　　　　（之，虚词，表示指代）

万物将自化。　　　　　　　　　　　　　　　　　　　　　（化，教化）

化而欲作，　　　　　　　（而，虚词，表示递进；欲，期愿；作，兴起也）

吾将阗之以无名之朴。　　　　　（阗 tián，满也；之，虚词，以指代；

　　　　　　　　　　　　　　　　　之，虚词，以修饰；朴，朴实）

阗之以无名之朴，

夫将不欲。　　　　　　　　　　　　　　（夫，虚词，表示提示；欲，己欲）

不欲，

以静，　　　　　　　　　　　　　　　　　　　（静，天下静，安定）

天地将自正。　　　　　　　　　　　　　　　（天地，天下；正，归顺）

　　　　　　　　　　　　　　　　　　　　　　　　　　　（全篇注完）

附录 帛书老子原文

上德不德是以有德下德不失德是以无德上德无为而无以为也上仁为之而无以为也上义为之而有以为也上礼为之而莫之应也则攘臂而扔之故失道而后德失德而后仁失仁而后义失义而后礼夫礼者忠信之泊也而乱之首也前识者道之华也而愚之首也是以大丈夫居其厚而不居其泊居其实而不居其华故去彼而取此昔之得一者天得一以清地得一以宁神得一以灵谷得一以盈侯王得一而以为天下正其致之也谓天毋已清将恐裂谓地毋已宁将恐发谓神毋已灵将恐歇谓谷毋已盈将恐竭谓侯王毋已贵以高将恐蹶故必贵而以贱为本必高矣而以下为基夫是以侯王自谓孤寡不榖此其贱之本与非也故致数与无与是故不欲禄禄若玉硌硌若石上士闻道堇能行之中士闻道若存若亡下士闻道大笑之弗笑不足以为道是以建言有之曰明道如费进道如退夷道如类上德如谷大白如辱广德如不足建德如偷质真如渝大方无隅大器免成大音希声天象无刑道褒无名夫唯道善始且善成反也者道之动也弱也者道之用也天下之物生于有有生于无道生一一生二二生三三生万物万物负阴而抱阳中气以为和天下之所恶唯孤寡不榖而王公以自名也物或损之而益益之而损故人之所教亦议而教人故强良者不得死我将以为学父天下之至柔驰骋于天下致坚无有入于无间吾是以知无为之有益也不言之教无为之益天下希能及之矣名与身孰亲身与货孰多得与亡孰病甚爱必大费多藏必厚亡故知足不辱知止不殆可以长久大成若缺其用不敝大盈若冲其用不穷大直如诎大巧如拙大赢如绌躁胜寒靓胜炅请靓可以为天下正天下有道却走马以粪天下无道戎马生于郊罪莫大于可欲祸莫大于不知足咎莫憯于欲得故知足之足恒足矣不出于户以知天下不规于牖以知天道其出也弥远其知弥少是以圣人不行而知不见而名弗为而成为学者日益为道者日损损之有损以至

于无为无为而无不为也圣人之取天下也恒无事及其有事也又不足以取天下矣圣人恒无心以百姓之心为心善者善之不善者亦善之德善也信者信之不信者亦信之德信也圣人之在天下欱欱焉为天下浑心百姓皆属耳目焉圣人皆孩之出生入死生之徒十有三死之徒十有三而民生生动皆之死地之十有三夫何故也以其生生也盖闻善执生者陵行不避兕虎入军不被甲兵兕无所椯其角虎无所措其蚤兵无所容其刃夫何故也以其无死地焉道生之而德畜之物刑之而器成之是以万物尊道而贵德道之尊德之贵也夫莫之爵而恒自然也道生之畜之长之遂之亭之毒之养之复之生而弗有也为而弗恃也长而弗宰也此之谓玄德天下有始以为天下母既得其母以知其子既知其子复守其母没身不殆塞其兑闭其门终身不堇启其兑济其事终身不棘见小曰明守柔曰强用其光复归其明毋遗身殃是谓袭常使我介有知也行于大道唯施是畏大道甚夷民甚好解朝甚除田甚芜仓甚虚服文采带利剑猒食而货财有馀是谓盗夸盗夸非道也善建者不拔善抱者不脱子孙以祭祀不绝修之身其德乃真修之家其德有馀修之乡其德乃长修之国其德乃夆修之天下其德乃博以身观身以家观家以乡观乡以邦观邦以天下观天下吾何以知天下之然哉以此含德之厚者比于赤子蜂虿虺蛇弗螫攫鸟猛兽弗搏骨弱筋柔而握固未知牝牡之会而朘怒精之至也终日号而不嚘和之至也和曰常知和曰明益生曰祥心使气曰强物壮即老谓之不道不道早已知者弗言言者弗知塞其兑闭其门和其光同其尘挫其锐解其纷是谓玄同故不可得而亲亦不可得而疏不可得而利亦不可得而害不可得而贵亦不可得而贱故为天下贵以正治邦以奇用兵以无事取天下吾何以知其然也哉夫天下多忌讳而民弥贫民多利器而邦家滋昏人多知而奇物滋起法物滋彰而盗贼多有是以圣人之言曰我无为也而民自化我好静而民自正我无事而民自富我欲不欲而民自朴其正闵闵其民屯屯其正察察其邦缺缺祸福之所倚福祸之所伏孰知其极其无正也正复为奇善复为妖人之迷也其曰固久矣是以方而不割兼而不刺直而不绁光而不眺治人事天莫若啬夫唯啬是以

蚤服蚤服是谓重积德重积德则无不克无不克则莫知其极莫知其极可以有国有国之母可以长久是谓深根固氐长生久视之道也治大国若烹小鲜以道立天下其鬼不神非其鬼不神也其神不伤人也非其神不伤人也圣人亦弗伤也夫两不相伤故德交归焉大邦者下流也天下之牝也天下之交也牝恒以靓胜牡为其靓也故宜为下故大邦以下小邦则取小邦小邦以下大邦则取于大邦故或下以取或下而取故大邦者不过欲兼畜人小邦者不过欲入事人夫皆得其欲则大者宜为下道者万物之注也善人之宝也不善人之所保也美言可以市尊行可以贺人人之不善何弃之有故立天子置三卿虽有共之璧以先四马不若坐而进此古之所以贵此者何也不谓求以得有罪以免与故为天下贵为无为事无事味无味大小多少报怨以德图难乎其易也为大乎其细也天下之难作于易天下之大作于细是以圣人终不为大故能成其大夫轻诺必寡信多易必多难是以圣人猷难之故终于无难其安也易持也其未兆也易谋也其脆易判其微易散为之乎其未有治之乎其未乱合抱之木作于毫末九成之台作于累土百仞之高始于足下为之者败之执者失之是以圣人无为也故无败也无执也故无失也民之从事也恒于其成事而败之故慎终若始则无败事矣是以圣人欲不欲而不贵难得之货学不学而复众人之所过能辅万物之自然而弗敢为故曰为道者非以明民也将以愚之也民之难治也以其知也故以知知邦邦之贼也以不知知邦邦之德也恒知此两者亦稽式也恒知稽式此谓玄德玄德深矣远矣与物反矣乃至大顺江海之所以能为百谷王者以其善下之也是以能为百谷王是以圣人之欲上民也必以其言下之其欲先民也必以其身后之故居前而民弗害也居上而民弗重也天下乐推而弗猒也非以其无争与故天下莫能与诤小邦寡民使什佰人之器毋用使民重死而不远徙有车舟无所乘之有甲兵无所陈之使民复结绳而用之甘其食美其服乐其俗安其居邻邦相望鸡犬之声相闻民至老死不相往来信言不美美言不信知者不博博者不知善者不多多者不善圣人无积既以为人己俞有既以予人矣己俞多故天之道利而不害人之道为而弗争天下皆

谓我大大而不宵夫唯不宵故能大若宵久矣其细也夫我恒有三葆持而宝之一曰慈二曰检三曰不敢为天下先夫慈故能勇检故能广不敢为天下先故能为成事长今舍其慈且勇舍其检且广舍其后且先则必死矣夫慈以战则胜以守则固天将建之女以慈垣之故善为士者不武善战者不怒善胜敌者弗与善用人者为之下是谓不诤之德是谓用人是谓肥天古之极也用兵有言曰吾不敢为主而为客吾不进寸而退尺是谓行无行攘无臂执无兵乃无敌矣祸莫大于无敌无敌近亡吾葆矣故称兵相若则哀者胜矣吾言甚易知也甚易行也而人莫之能知也而莫之能行也言有君事有宗其唯无知也是以不我知知者希则我贵矣是以圣人被褐而怀玉知不知尚矣不知不知病矣是以圣人之不病以其病病也是以不病民之不畏畏则大畏将至矣毋闸其所居毋猒其所生夫唯弗猒是以不猒是以圣人自知而不自见也自爱而不自贵也故去彼而取此勇于敢者则杀勇于不敢者则活此两者或利或害天之所恶孰知其故天之道不战而善胜不言而善应不召而自来单而善谋天网恢恢疏而不失若民恒且不畏死奈何以杀惧之也若民恒且畏死而为畸者吾将得而杀之夫孰敢矣若民恒且必畏死则恒有司杀者夫代司杀者杀是代大匠斲也夫代大匠斲者则希不伤其手矣人之饥也以其上食税之多也是以饥百姓之不治也以其上之有以为也是以不治民之轻死也以其求生之厚也是以轻死夫唯无以生为者是贤贵生人之生也柔弱其死也筋朋坚强万物草木之生也柔脆其死也枯槁故曰坚强者死之徒也柔弱微细生之徒也是以兵强则不胜木强则恒强大居下柔弱微细居上天之道犹张弓者也高者印之下者举之有余者损之不足者补之故天之道损有余而益不足人之道则不然损不足而奉有余孰能有余而有以取奉于天者乎唯又道者乎是以圣人为而弗又成功而弗居也若此其不欲见贤也天下莫柔弱于水而攻坚强者莫之能先也以其无以易之也水之胜刚也弱之胜强也天下莫弗知也而莫之能行也故圣人之言云曰受邦之訽是谓社稷之主受邦之不祥是谓天下之王正言若反和大怨必有余怨焉可以为善是以圣人右介而不以责于人故有德司

介无德司彻夫天道无亲恒与善人

道可道也非恒道也名可名也非恒名也无名万物之始也有名万物之母也故恒无欲也以观其眇恒有欲也以观其所徼两者同出异名同谓玄之又玄众眇之门天下皆知美之为美恶已皆知善斯不善矣有无之相生也难易之相成也长短之相刑也高下之相盈也音声之相和也先后之相随恒也是以圣人居无为之事行不言之教万物作而弗始也为而弗志也成功而弗居也夫唯弗居是以弗去不上贤使民不争不贵难得之货使民不为盗不见可欲使民不乱是以圣人之治也虚其心实其腹弱其志强其骨恒使民无知无欲也使夫知不敢弗为而已则无不治矣道冲而用之有弗盈也渊呵似万物之宗锉其兑解其纷和其光同其尘湛呵似或存吾不知其谁之子象帝之先天地不仁以万物为刍狗圣人不仁以百姓为刍狗天地之间其犹橐籥与虚而不淈动而俞出多闻数穷不若守于中谷神不死是谓玄牝玄牝之门是谓天地之根緜緜呵其若存用之不堇天长地久天地之所以能长且久者以其不自生也故能长生是以圣人退其身而身先外其身而身存不以其无私与故能成其私上善如水水善利万物而有静居众人之所恶故几于道矣居善地心善渊予善天言善信正善治事善能动善时夫唯不静故无尤持而盈之不若其已揣而允之不可长葆也金玉盈室莫之守也贵富而骄自遗咎也功遂身退天之道也戴营魄抱一能毋离乎槫气至柔能婴儿乎脩除玄监能毋有疵乎爱民活国能毋以知乎天门启阖能为雌乎明白四达能毋以知乎生之畜之生而弗有长而弗宰也是谓玄德卅辐同一毂当其无有车之用也燃埴而为器当其无有埴器之用也凿户牖当其无有室之用也故有之以有利无之以为用五色使人目盲驰骋田猎使人心发狂难得之货使人之行方五味使人之口爽五音使人之耳聋是以圣人之治也为腹而不为目故去彼而取此宠辱若惊贵大患若身何谓宠辱若惊宠之为下也得之若惊失之若惊是谓宠辱若惊何谓贵大患若身吾所以有大患者为吾有身也及吾无身有何患故贵为身于为天下若可以托天下矣爱以身为天下女何以寄天下视之而弗见名之曰微

听之而弗闻名之曰希捪之而弗得名之曰夷三者不可至计故混而为一一者其上不谬其下不惚寻寻呵不可名也复归于无物是谓无状之状无物之象是谓沕望随而不见其后迎而不见其首执今之道以御今之有以知古始是谓道纪古之善为道者微眇玄达深不可志夫唯不可志故强为之容曰与呵其若冬涉水猷呵其若畏四邻严呵其若客涣呵其若冰泽沌呵其若朴湷呵其若浊旷呵其若谷浊而静之徐清安以动之徐生葆此道者不欲盈夫唯不欲盈是以能敝而不成至虚极也守静督也万物旁作吾以观其复也天物云云各复归于其根曰静静是谓复命复命常也知常明也不知常芒芒作凶知常容容乃公公乃王王乃天天乃道道乃久没身不殆大上下知有之其次亲誉之其次畏之其下侮之信不足案有不信猷呵其贵言也成功遂事而百姓谓我自然故大道废案有仁义知慧出案有大伪六亲不和案有孝慈邦家昏乱案有贞臣绝圣弃知民利百倍绝仁弃义民复孝慈绝巧弃利盗贼无有此三言也以为文未足故令之有所属见素抱朴少私寡欲绝学无忧唯与诃其相去几何美与恶其相去何若人之所畏亦不可以不畏人望呵其未央才众人熙熙若乡于大牢而春登台我泊焉未兆若婴儿未咳累呵如无所归众人皆有余我独遗我愚人之心也惷惷呵鬻人昭昭我独若昏呵鬻人察察我独闵闵呵惚呵其若海望呵其若无所止众人皆有以我独顽以鄙吾欲独异于人而贵食母孔德之容唯道是从道之物唯望唯惚惚呵望呵中有象呵望呵惚呵中有物呵幽呵冥呵中有请呵其请甚真其中有信自今及古其名不去以顺众父吾何以知众父之然以此炊者不立自视者不章自见者不明自伐者无功自矜者不长其在道也曰余食赘行物或恶之故有欲者弗居曲则全枉则正洼则盈敝则新少则得多则惑是以圣人执一以为天下牧不自视故章不自见故明不自伐故有功弗矜故能长夫唯不争故莫能与之争古之所谓曲全者几语才诚全归之希言自然飘风不冬朝暴雨不冬日孰为此天地而弗能久有兄于人乎故从事而道者同于道德者同于德失者同于失同于德者道亦德之同于失

者道亦失之有物昆成先天地生萧呵漻呵独立而不改可以为天地母吾未知其名字之曰道吾强为之名曰大大曰逝逝曰远远曰返道大天大地大王亦大国中有四大而王居其一焉人法地地法天天法道道法自然重为轻根静为躁君是以君子冬日行不离其辎重唯有环官燕处则昭若若何万乘之王而以身轻于天下轻则失本躁则失君善行者无辙迹善言者无瑕谪善数者不以筹策善闭者无关楗而不可启也善结者无绳约而不可解也是以圣人恒善救人而无弃人物无弃财是谓袭明故善人善人之师不善人善人之资也不贵其师不爱其资虽知乎大迷是谓眇要知其雄守其雌为天下溪为天下溪恒德不离恒德不离复归于婴儿知其荣守其辱为天下谷为天下谷恒德乃足恒德乃足复归于朴知其白守其黑为天下式为天下式恒德不貣恒德不貣复归于无极朴散则为器圣人用则为官长夫大制无割将欲取天下而为之吾见其弗得已夫天下神器也非可为者也为者败之执者失之物或行或随或炅或吹或强或锉或陪或堕是以圣人去甚去大去奢以道佐人主不以兵强于天下其事好还师之所居楚棘生之善者果而已矣毋以取强焉果而毋骄果而勿矜果而勿伐果而毋得已居是谓果而不强物壮而老谓之不道不道蚤已夫兵者不祥之器也物或恶之故有欲者弗居君子居则贵左用兵者贵右故兵者非君子之器也兵者不祥之器也不得已而用之铦袭为上勿美也若美之是乐杀人也夫乐杀人不可以得志于天下矣是以吉事上左丧事上右是以偏将军居左上将军居右言以丧礼居之也杀人众以悲哀立之战胜以丧礼处之道恒无名朴虽小而天下弗敢臣侯王若能守之万物将自宾天地相合以俞甘露民莫之令而自均焉始制有名名亦既有夫亦将知止知止所以不殆俾道之在天下也猷小谷之与江海也知人者知也自知明也胜人者有力也自胜者强也知足者富也强行者有志也不失其所者久也死而不忘者寿也道汜呵其可左右也成功遂事而弗名有也万物归焉而弗为主则恒无欲也可名于小万物归焉而弗为主可名于大是以圣人之能成大也以其不为大

也故能成大执大象天下往往而不害安平太乐与饵过格止故道之出言也曰淡呵其无味也视之不足见也听之不足闻也用之不可既也将欲拾之必古张之将欲弱之必古强之将欲去之必古与之将欲夺之必古予之是谓微明柔弱胜强鱼不脱于渊邦利器不可以示人道恒无名侯王若能守之万物将自化化而欲作吾将阗之以无名之朴阗之以无名之朴夫将不欲不欲以静天地将自正

参 考 文 献

[1] 梁海明. 老子. 沈阳：辽宁民族出版社，1996.
[2] 高明. 帛书老子校注. 北京：中华书局，1996.
[3] 陈鼓应. 老子注释及评价. 北京：中华书局，2009年. 第二版.
[4] 汉典，http://www.zdic.net
[5] 裘锡圭. 长沙马王堆汉墓简帛集成(肆). 北京：中华书局，2014.
[6] 裘锡圭. 长沙马王堆汉墓简帛集成(壹). 北京：中华书局，2014.